Mobilise Your Thinking for Complexity –
Moviliza tu Pensamiento para la Complejidad

Future of Education – Futuro de la Educación

Eds. María Soledad Ramírez-Montoya, Rasikh Tariq, Leonardo David Glasserman Morales, Edgar Omar López-Caudana e Inés Alvarez-Icaza Longoria

VOL. 1

María Soledad Ramírez-Montoya, Edgar Omar López-Caudana,
Inés Alvarez-Icaza Longoria, Carlos Vásquez-Parra, Fabian Eduardo Basabe,
Carolina Alcántar-Nieblas, Pamela Geraldine Olivo Montaño,
Virginia Rodés Paragarino, Isolda Margarita Castillo-Martínez,
Laura Icela González-Pérez y May Portuguez Castro

Mobilise Your Thinking for Complexity – Moviliza tu Pensamiento para la Complejidad

Open Educational Model for Complex Thinking –
Modelo Educativo Abierto para el Pensamiento Complejo

PETER LANG

Berlin · Bruxelles · Chennai · Lausanne · Oxford · New York

Bibliographic Information published by the Deutsche Nationalbibliothek
The Deutsche Nationalbibliothek lists this publication in the Deutsche Nationalbibliografie; detailed bibliographic data is available online at http://dnb.d-nb.de.

Library of Congress Cataloging-in-Publication Data
A CIP catalog record for this book has been applied for at the Library of Congress.

Names: Ramírez Montoya, María Soledad, author | López Caudana, Edgar Omar, author | Alvarez-Icaza Longoria, Inés, author | Vásquez-Parra, Carlos, author | Basabe, Fabian Eduardo, author | Alcántar-Nieblas, Carolina, author | Montaño, Pamela Geraldine Olivo, author | Paragarino, Virginia Rodés, author | Castillo-Martínez, Isolda Margarita, author | González-Pérez, Laura Icela, author | Castro, May Portuguez, author
Title: Mobilise your thinking for complexity: open educational model for complex thinking / [by] María Soledad Ramírez-Montoya, Edgar Omar López-Caudana, Inés Alvarez-Icaza Longoria, Carlos Vásquez-Parra, Fabian Eduardo Basabe, Carolina Alcántar-Nieblas, Pamela Geraldine Olivo Montaño, Virginia Rodés Paragarino, Isolda Margarita Castillo-Martínez, Laura Icela González-Pérez, May Portuguez Castro.
Other titles: Moviliza tu pensamiento para la complejidad: modelo educativo abierto para el pensamiento complejo
Description: Berlin; New York: Peter Lang, [2025] | Series: Future of Education – Futuro de la Educación; vol. 1 | Includes bibliographical references.
Identifiers: LCCN 2025004161 (print) | LCCN 2025004162 (ebook) | ISBN 9783631933015 (paperback) | ISBN 9783631933206 (ebook) | ISBN 9783631933213 (epub)
Subjects: LCSH: Open plan schools | Non-formal education
Classification: LCC LB1029.O6 R34 2025 (print) | LCC LB1029.O6 (ebook) | DDC 372.13--dc23/eng/20250428
LC record available at https://lccn.loc.gov/2025004161
LC ebook record available at https://lccn.loc.gov/2025004162

Cover Credit: Michael Haderer, Vienna, Austria

ISSN	3053-4593 (Print)	3053-4607 (Online)
ISBN	978-3-631-93301-5 (Print)
E-ISBN	978-3-631-93320-6 (E-PDF)
E-ISBN	978-3-631-93321-3 (E-PUB)
DOI	10.3726/b22680

Open Access: This work is licensed under a Creative Commons Attribution CC- BY 4.0 license. To view a copy of this license, visit https://creativecommons.org/licenses/by/4.0/

© María Soledad Ramírez-Montoya, Edgar Omar López-Caudana, Inés Alvarez-Icaza Longoria, Carlos Vásquez-Parra, Fabian Eduardo Basabe, Carolina Alcántar-Nieblas, Pamela Geraldine Olivo Montaño, Virginia Rodés Paragarino, Isolda Margarita Castillo-Martínez, Laura Icela González-Pérez and May Portuguez Castro 2025

Published by Peter Lang GmbH, Berlin (Germany)

This publication has been peer reviewed.

wwww.peterlang.com

Table of Content

ENGLISH

About Us 9

Editorial Letter 11

Objectives 13

What is Complex Thinking? 17

Educational Innovation in Action 21

SDGs in Education 25

New Educational Scenarios 30

Recommendations for Implementation 55

Call to Action 58

Glossary 59

Mobilise Your Thinking for Complexity

Open Educational Model for Complex Thinking (OEM4C)

María Soledad Ramírez-Montoya
PhD in Philosophy and Educational Sciences.

Inés Alvarez Icaza Longoria
PhD in Engineering.

Pamela Geraldine Olivo Montaño
PhD in Philosophy of Science.

Edgar Omar López Caudana
PhD in Communications and Electronics.

Carolina Alcántar Nieblas
PhD in Education.

Isolda Castillo Martínez
PhD in educational innovation.

Virginia Rodés Paragrino
PhD in Equity and Innovation in Education.

Fabián Eduardo Basabe
PhD in Tecnology Education.

May Portuguez Castro
PhD in educational innovation.

José Carlos Vázquez Parra
PhD in Humanistic Studies.

Laura Icela González Pérez
PhD in Education in the Knowledge Society.

Figure 1.
Members of the Interdisciplinary Research Group Scaling Complex Thinking for all (IRG-R4C) (Tecnológico de Monterrey).

About Us

We are members of the IRG-R4C Interdisciplinary Research Group Scaling Complex Thinking for All (Figure 1). We are passionate about taking higher education to new levels of excellence. We are dedicated to developing and promoting advanced reasoning competencies to face the complexity of the modern world. We use open science strategies and the most advanced 5.0 technologies, such as artificial intelligence and data science, to create training systems that prepare people for the challenges of the future. Our work is linked to projects that integrate universities, industries, the government and the civil sector, always seeking sustainable solutions that benefit the whole society.

Our vision is clear and ambitious: to contribute meaningfully to the future of education, creating innovative solutions to the problems and challenges of today's society. We align with the goals of UNESCO's 2030 Agenda for Sustainable Development, fostering interdisciplinary collaboration and building robust academic networks. At IRG-R4C, we work to train a new generation of highly competitive professionals committed to social welfare who always seek to enable innovative solutions that respond to present and future challenges.

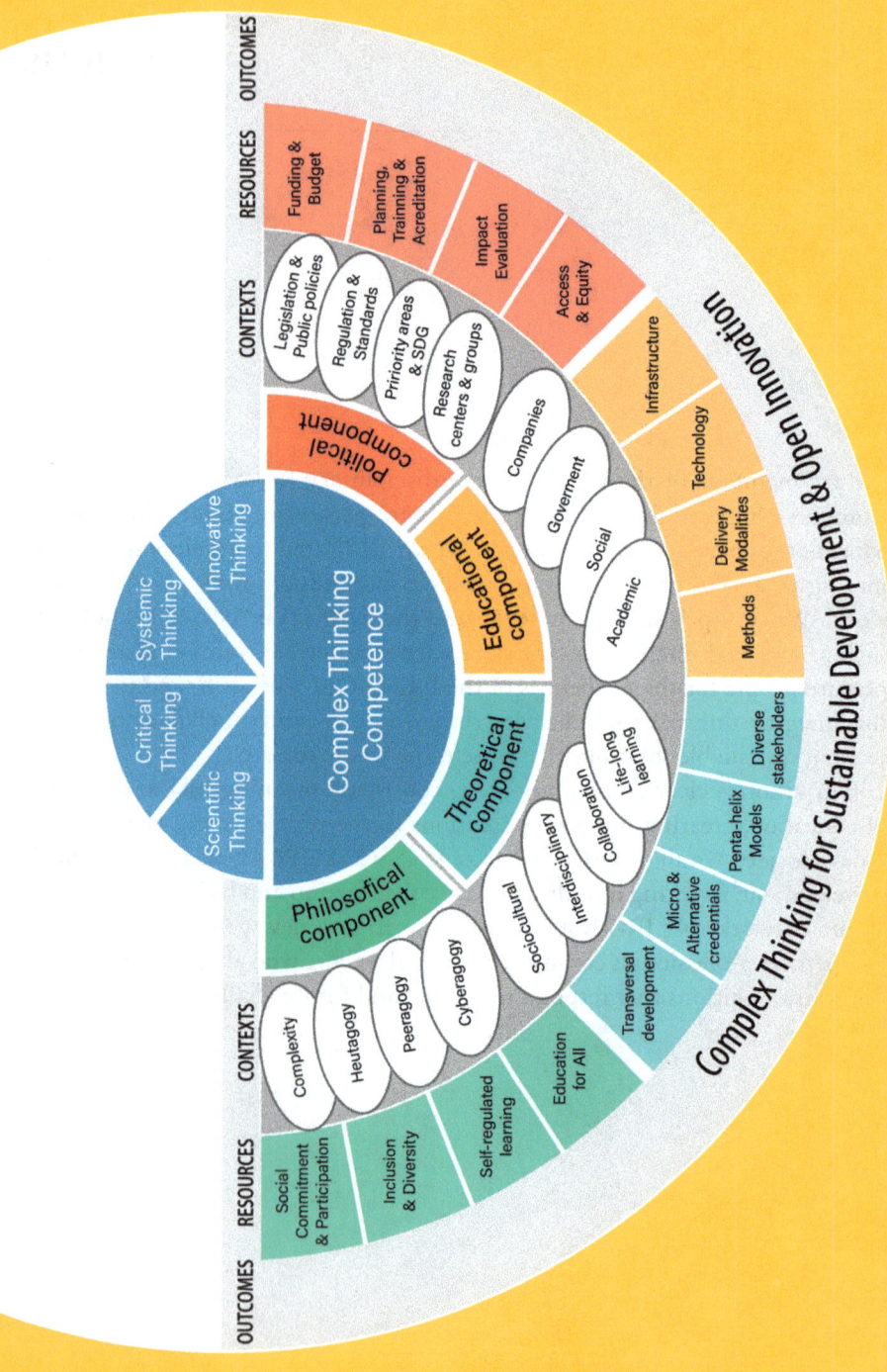

Figure 2.
Open Model of Complex Thinking
(Ramírez-Montoya, et al., 2024).

Editorial Letter

Imagine that we are on an exciting journey, exploring new ways to improve our complex thinking skills. The Open Educational Model for Complex Thinking (OEM4C) is an innovative project that allows us to scale the levels of mastery in this essential competence and its sub-competences (critical thinking, scientific thinking, innovative thinking and systems thinking) through the design and testing of an open educational model to promote complex thinking (Figure 2).

The main beneficiaries of this model are higher education students, teachers, researchers, decision-makers and those who have an interest in lifelong learning in general. We believe that the model promotes complex thinking by exposing learners to challenging situations to find solutions and provides them with essential tools to solve problems more efficiently and effectively.

The importance of this model lies in its ability to better prepare people to face the challenges of the current and future world. It helps us strengthen key competencies. It not only allows us to be more efficient in solving problems specific to our lives and professional fields but also imparts complementary skills that are fundamental to lifelong learning. Working collaboratively with educational institutions, public agencies, companies and certifying bodies, we are building a future where education is accessible, inclusive and adapted to the needs of an ever-changing society. This collective effort strengthens our community, making knowledge and skills available to *everyone*.

Together, we are building educational actions aimed at accessible training to learn about and face the obstacles of the present and the challenges of the future!

Reference

Ramírez-Montoya, M.S., Basabe, E., Carlos Arroyo, M., Patiño Zúñiga, I.A., Portuguez Castro, M. (2024). *Open model of complex thinking for the future of education*. Octahedron. https://hdl.handle.net/11285/652033

OBJECTIVES

Our objective is to mobilise the different mastery levels of complex thinking competence and its sub-competences (critical, systemic, innovative and scientific thinking) in higher education students, teachers, researchers, decision-makers and those who have an interest in lifelong learning in general through the Open Educational Model for Complex Thinking. This can benefit all sectors of the population, including education, government and business.

SPECIFIC OBJECTIVES

1. Promote high-level competencies, such as complex thinking, to address today's global challenges.

2. To provide more complete training adapted to the needs of an increasingly demanding labour market.

3. Provide an open and transferable training model to benefit universities, businesses and government.

Figure 3.
General and specific objectives of the
Open Educational Model for Complex Thinking project

Objectives

Introduction

In the present and into the future, education is a laboratory where each mind is a potential genius in development. By mobilising high ability thinking, we are forging a world where creativity and innovation have no limits, and each person becomes the architect of a bright and inclusive future. With this motivation, the OEM4C emerges as a light of hope, promising an educational transformation that fosters advanced thinking skills, adaptability and collaboration—essential elements for the complex environment characteristic of the twenty-first century.

Rapid technological evolution and global socioeconomic changes have revealed a significant gap between the skills imparted by traditional education systems and the needs of the contemporary labour market and social interaction. This disconnect underscores the urgency of innovation in education. The OEM4C takes an integrative and practical approach and seeks to reduce this gap not only to improve the employability of youth but also to provide critical tools that help them face complex environmental and social challenges.

Today, we are on the exciting path of transforming education to allow people to develop high-level competencies, effectively integrating digital technologies and a clear interdisciplinary approach that fosters complex thinking and constant innovation. In line with this, our project is based on a synthesis of advanced educational theories that include constructivism, which sees learning as an active process based on previous experiences; problem-based learning, which develops critical thinking through immersion in complex situations; complexity theory, which addresses challenges concerning sustainable development; and adaptive learning, which personalises education through advanced technologies. The integration of emerging technologies with these theories offers a pedagogical model that is both innovative and practical and fits the needs of today's society.

Complex thinking is an indispensable skill for people who carry out professional activities, especially in a work environment that continues to evolve at a rapid pace due to technological innovation and globalisation. This competence allows individuals to analyse multifaceted situations, integrate diverse sources of information and develop innovative solutions to problems that often need to be analysed from diverse disciplinary and highly dynamic perspectives.

In this context, the project promoting the Open Educational Model for Complex Thinking project -OEM4C- (Figure 4) aims to contribute to the training of future professionals, promoting high-level skills that are essential to addressing global challenges by supporting lifelong learning. The model prepares students and individuals to face labour challenges while also empowering them to lead and contribute effectively in the various roles and activities of global citizenship, promoting meaningful and adaptive transformation. This alignment between the competencies developed and the demands of contemporary society underscores the relevance and urgency of implementing this innovative model in higher education as well as in lifelong learning initiatives.

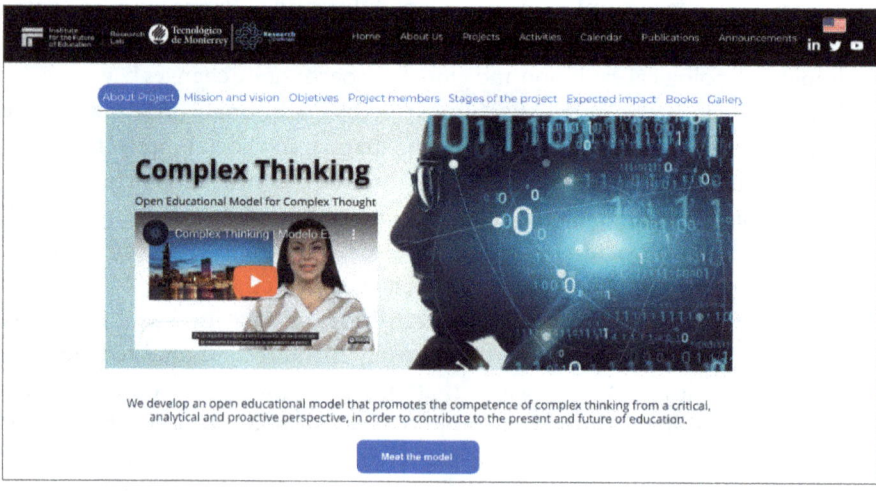

Figure 4. OEM4C project website
(https://www.research4challenges.world/en/complex-thinking)

Implementing the OEM4C revolutionises the educational experience, making learning more interactive, personalised and relevant. In addition to improving overall educational outcomes, the model has the potential to particularly benefit students in disadvantaged contexts as it offers equitable access to high-quality educational resources with Open Educational Resources (OER) that are integrated into and developed through the model. This not only contributes to the levelling of the educational 'playing field', but also prepares students, regardless of their background, to contribute effectively to their communities and local economies.

Likewise, this model also extends to working professionals and people seeking to improve their skills and adaptability in a dynamic society. By focusing on developing complex thinking, the project aims to empower these individuals to become leaders and agents of change who are capable of addressing global challenges and contributing effectively to their communities and professional sectors. Inclusivity and accessibility are pillars of this model, ensuring that people from diverse socioeconomic and cultural backgrounds can benefit from an adaptive and cutting-edge learning scheme, which promotes educational equity and excellence.

As we look to the future, the Open Education Model for Complex Thinking not only represents a necessary shift in the way we educate succeeding generations but also sets a new standard for educational innovation. Continuing on this innovative path is crucial to addressing global challenges and ensuring that education remains a powerful tool for personal and social change. Our initiative not only aims to respond to current needs but also aspires to be a lasting legacy in the evolution of education and society.

Reference

Ramírez-Montoya, M.S., Basabe, E., Carlos Arroyo, M., Patiño Zúñiga, I.A., Portuguez Castro, M. (2024). *Open model of complex thinking for the future of education*. Octahedron.

The Open Educational Model for Complex Thinking (OEM4C) is designed to meet the specific needs of the following groups:

1. **Higher Education Students:**
This group is the primary beneficiary of the model, as it prepares them to address multidimensional problems in professional and social contexts through the development of complex thinking. The model equips them with tools to analyse, innovate, and collaborate—crucial skills in a rapidly evolving and globalized labour market.

2. **Teachers and Education Professionals:**
The OEM4C supports educators in their role as facilitators of complex thinking by providing methodologies and pedagogical resources for classroom implementation. This not only strengthens their teaching competencies but also enables them to guide each student in constructing knowledge applicable to real-life situations.

3. **Researchers:**
For those engaged in research, the model fosters an interdisciplinary approach that promotes a deep understanding of complex and multidimensional phenomena. Adopting this approach contributes to the development of more integrative projects with greater social impact, aligned with the Sustainable Development Goals.

4. **Decision-Makers in Educational Institutions and Businesses:**
The model provides tools and perspectives that help decision-makers adopt innovative and sustainable strategies within their organizations. By understanding the importance of complex thinking, leaders can design policies and programs that effectively and inclusively address contemporary challenges.

5. **Individuals Interested in Lifelong Learning:**
Finally, the OEM4C is aimed at diverse individuals who wish to strengthen their competencies in complex thinking as a tool for continuous learning. This approach is particularly useful in a world where professional and social demands are rapidly changing, making adaptability a fundamental skill.

What is Complex Thinking?

Complex thinking is a way of understanding the world that recognises and addresses the interconnectedness and multiplicity of factors present in a specific situation. Instead of simplifying things into smaller parts and handling them one by one, complex thinking invites us to look at all the parts that make up a situation in their entirety and to consider how these elements influence and relate to each other. This approach is particularly useful in times of great uncertainty or when we face problems that do not have easy or automatic answers, such as the phenomenon of climate change or economic crises. By adopting a complex thinking approach, we will be able to better appreciate the diversity and dynamics of our environment, allowing us to make more informed and effective decisions.

Complex thinking is an essential meta-competence that allows us to approach problems and situations with a broad and integrative perspective. This competence combines four types of thinking: systemic, scientific, critical and innovative (Ramírez-Montoya et al., 2022). Systemic thinking helps us see and understand the connections between the different parts of a system and allows us to recognise how each part influences the others (García et al., 2020). Scientific thinking is based on observation and experimentation and helps us understand phenomena objectively and based on evidence. It allows the development of the intuitive capacity and stimulates evaluation and deep reflection (Suryansyah et al., 2021). Critical thinking allows us to evaluate information and arguments, identifying biases and erroneous conclusions (Sellars et al., 2018). Finally, innovative thinking pushes us to seek creative and effective solutions to existing problems (Wisetsat & Nuangchalerm, 2019). By integrating these four types of thinking, complex thinking allows us to develop competencies to face the multifaceted challenges of the current and future world.

TO KNOW MORE …
On Complex Thinking

Introduction to Complex Thinking
Author: Edgar Morin
Reference: Morin, E. (1994). *Introduction to Complex Thinking*. Gedisa.

▶ To learn more about complex thinking, we recommend exploring Edgar Morin's book, in which he proposes a multidimensional approach to understanding the complexity of the world. Morin stresses the importance of integrating interconnections and contexts into problem analysis rather than limiting oneself to reductionist visions. By reading their work, you will discover how this approach can help you see the world more holistically and better understand the interrelationships that influence the challenges we face. Not only will this enrich your perspective, but it will also allow you to approach problems more effectively and creatively.

Traits of Complex Thinking:
A Bibliometric Review of a Disruptive Construct in Education
Authors: José Jaima Baena-Rojas, María Soledad Ramírez-Montoya, Diego Mauricio Mazo-Cuervo, D.M. & Edgar Omar López-Caudana
Reference: Baena-Rojas, J. J., Ramírez-Montoya, M.S., Mazo-Cuervo, D.M. & López-Caudana, E. O. (2022). Traits of Complex Thinking: A Bibliometric Review of a Disruptive Construct in Education. *Journal of Intelligence 10*(37).
https://doi.org/10.3390/jintelligence10030037 https://hdl.handle.net/11285/648509

▶ If you want to know more about complex thinking and its impact on education, this study is a great place to start. Four hundred twenty-eight documents compiled in the Scopus indexing system were analysed, and a bibliometric study was used to understand the characteristics of publications about complex thinking in the educational field. The results show that complex thinking is gaining more and more interest in academia, not only because of its impact on various fields and the generation of new multidisciplinary knowledge but also because of the amount of published research that underscores its importance. Dive into this research to discover how complex thinking can enrich your learning and understanding of the world.

Open Model of Complex Thinking for the Future of Education
Authors: María Soledad Ramírez-Montoya, Fabián Eduardo Basabe, Martina Carlos Arroyo, Irma Azeneth Patiño Zúñiga, I.A. & May Portuguez Castro
Reference: Ramírez-Montoya, M.S., Basabe, E., Carlos Arroyo, M., Patiño Zúñiga, I.A., Portuguez Castro, M. (2024). *Open model of complex thinking for the future of education*. Octahedron.
https://hdl.handle.net/11285/652033

▶ To discover more about complex thinking, we invite you to explore the innovative educational approach presented in this text. This approach is designed to respond to the demands of the modern world, integrating various dimensions of thinking—critical, scientific, systemic and innovative. The objective is to train empathetic citizens who are committed to sustainable development. This model is not only applied in academic environments but also in government and business sectors, highlighting the importance of collaboration, collaboration, solidarity, and commitment to sustainable solutions to global problems. By immersing yourself in this approach, you will be able to develop skills that will allow you to contribute meaningfully to society and the well-being of the planet.

References

García, B., Bartocci, L., Oranges, L., Oliveira, N., and Kazumi, I. (2020). Industry 4.0 in systems thinking: From a narrow to a broad spectrum. *Systems Research and Behavioral Science, 37*(4), 593–606. https://doi.org/10.1002/sres.2703

Ramírez-Montoya, M. S., Castillo-Martínez, I.M., Sanabria-Zepeda, J.C., & Miranda, J. (2022). Complex Thinking in the Framework of Education 4.0 and Open Innovation—A Systematic Literature Review. *Journal of Open Innovation: Technology, Market, and Complexity 8*(4). https://doi.org/10.3390/joitmc8010004 https://repositorio.tec.mx/handle/11285/643380

Sellars, M., Fakirmohammad, R., Bui, L., Fishetti, J., Niyozov, S., Reynolds, R., Thapliyal, N., Liu-Smith, Y. L., and Ali, N. (2018). Conversations on critical thinking: Can critical thinking find its way forward as the skill set and mindset of the century? *Education Sciences 8*(4). https://doi.org/10.3390/educsci8040205

Suryansyah, A., Kastolani, W., and Somantri, L. (2021). Scientific thinking skills in solving global warming problems. IOP Conference Series: Earth and Environmental Science 683(1). https://doi.org/10.1088/1755-1315/683/1/012025

Wisetsat, C., & Nuangchalerm, P. (2019). Enhancing innovative thinking of Thai pre-service teachers through multi-educational innovations. *Journal for the Education of Gifted Young Scientists 7*(3), 409-419.

Open Educational Model for Complex Thinking Design Canvas

Formative Experience Title   Author(s)

01 Learning objective
What is the strategic learning that you want to promote? What is going to be learned in a critic way? Describe the what, how and for what.

02 Complex thinking competence
How are the four sub-competences promoted in this design?
• Critical thinking
• Systemic thinking
• Scientific thinking
• Innovative thinking

03 Sustainable Development Goal (SDG) and challenge
Which SDG(s) does this learning experience impact? What is the current and relevant problem/challenge?

04 Components and contents at the frontier of knowledge
What are the knowledge frontier topics for strategic learning? Describe the central theme and if there are any complementary ones.

05 Active strategy and technologies
What is the strategy to be used in the experience (challenge, problem, case, role, project, gamification)?
What is the type of open technology that accompanies the experience (simulation, VR, AR, 360° video, robotics, AI, game)?

06 Interaction and co creation
What is the learning experience like? What will the participant do? How should it be done? How will co-creation be systematically and scientifically encouraged? How will it be built socially for the issue and contribute to the SDG?
List sequential steps of the learning path.

07 Open Educational Resources (OER)
What OER accompany the training experience?
Audio (music, audiobooks, interviews, etc)
Text (documents, presentations, books, magazines, articles)
Image (infographics, maps or diagrams, photography, drawings)
Video (podcast, video, interactive video, conferences, interviews, exhibitions)
Multimedia (simulations, virtual reality, 3D, virtual reality, augmented reality)
Platform (repository, blog, website)
• Others (which ones?)

08 Learning evidence
What is the evidence of learning? What OER can demonstrate the new product, service, knowledge, process? How is open learning evidenced?

09 Evaluation instruments
Which instrument assesses the learning objective? Some options for complex thinking are:
• Rubric eComplex (complex thinking).
• eComplexity instrument (Likert complex thinking)
• c-Think&Complex (Likert computational-complex-digital thinking)
• Other (specify)

10 Inclusion and diversity
How is inclusion and diversity addressed in this design?
• Sensory (Hearing, vision, speech)
• Learning styles (Visual, Auditory, Reading, Kinesthetic)
• Socioeconomic context (rural, urban, marginal)
• Sociodemographic context (age, gender, culture)
• Learning needs (dyslexia, ASD, ADHD, gifted)

11 Lifelong learning
How is lifelong learning being ensured? What sense of transcendence is being sought? What is the legacy in this learning?

12 Potential risks
What risks can be had during the implementation? How can they address those risks?

Figure 5.
Canvas for the design of training scenarios to encourage complex thinking (Ramírez-Montoya et al., 2024)

Educational Innovation in Action

The transformation towards a digital society has changed our realities, forcing us to rethink educational systems so that they allow us to promote in each student various skills that help them to integrate and contribute positively to an increasingly complex world. To respond to the future educational needs of society, it is crucial that experts from different areas work collaboratively to solve emerging social problems. The Institute for the Future of Education at Tecnológico de Monterrey has a specialised team, the IRG-R4C Interdisciplinary Research Group Scaling Complex Thinking for All, that is dedicated to developing new ways of teaching with the support of novel technologies, having open science as a principle and seeking to contribute to the Sustainable Development Goals of the UN's 2030 Agenda. The main project of the R4C is the design of an innovative educational model that helps to promote the competence of complex thinking for a better adaptation to current demands.

To meet its objectives, the R4C-IRG has built the 'Open Educational Model for Complex Thinking' as a teaching strategy that combines technology and flexible learning methods to improve complex thinking competence. This model is based on the idea of using technology to provide more accessible and adaptable education to different groups of people. It seeks to make it easier for knowledge and skills learned to be applied to the challenges that society faces.

The OEM4C comprises several criteria that allow teachers to design novel training scenarios through the 'Training Scenario Design Canva' (Figure 5) to encourage complex thinking in students. After designing the training scenario, the teacher will be able to adapt it to implement it with specific groups of students. In this stage, students are presented with a series of activities focused on solving or mitigating a complex problem, which can be proposed or identified and selected by the students. The objective is to promote collaborative work and propose solutions to specific problems.

As part of the implementation phase of the project, the IRG-R4C group has presented the Open Educational Model of Complex Thinking to students and teachers from various institutions and organisations in Mexico and Latin America, starting with a pilot test with teachers from the Tecnológico de Monterrey, Mexico City Campus. The aim of the implementation phase was to foster appreciation for how the project improved *participants' ability* to think in complex ways and their related skills. The implementation continued to involve 987 participants from the education sector, including teachers, students and administrators, from seven countries: Mexico, Bolivia, Peru, Guatemala, Chile, El Salvador and Spain.

In the next phases of the project, we invite *all those interested* in adopting this model to develop complex thinking as an essential competence to face current and future challenges. Discover how this model can change the way we educate and prepare new generations for an increasingly complex and interconnected world.

Reference

Ramírez-Montoya, M.S., Basabe, E., Carlos Arroyo, M., Patiño Zúñiga, I.A., Portuguez Castro, M. (2024). *Open model of complex thinking for the future of education*. Octahedron. https://hdl.handle.net/11285/652033

WHAT DO THE STUDIES SAY?
On the Proposal Made by the Innovation Project

Promoting complex thinking in higher education is critical to preparing every student to meet the challenges of the modern world. Not only does this open model allow you to learn under a school setting, but it also exposes you to a variety of perspectives and approaches that enrich your understanding and prepare you to solve complex problems effectively.

We need a holistic vision that helps us develop sustainable, efficient and comprehensive solutions that allow us to see beyond individual problems, which leads us to understand how the parts of a system interact with each other, generating creative and innovative strategies as well as new and valuable ideas (Sanabria Zepedaet al., 2022). This educational model must be continuously challenging and must lead you to think outside the box, to question the established and to explore new possibilities.

An educational model that provides the tools to validate your ideas through experimentation and rigorous analysis is needed. Thus, acquiring the above components should not only improve your ability to face complex problems but also allow you to develop skills that are highly valued in various professional fields (Ramírez-Montoya et al., 2024). The intention is to train more versatile thinkers who are capable of making significant contributions in a constantly changing world, under the objectives of sustainable development.

References

Sanabria Zepeda, J. C., Molina Espinosa, J. M., Alfaro Ponce, B., & Vycudilíková-Outlá, M. (2022). Threshold for citizen science projects: Complex thinking as a driver of holistic development. *RIED. Ibero-American Journal of Distance Education 25(2)*, 331-350. https://doi.org/10.5944/ried.25.2.33052

Ramírez-Montoya, M. S., Quintero Gámez, L., Sanabria-Z, J., & Portuguez-Castro, M. (2024). Exploring Complex Thinking in Latin American Universities: Comparative Analysis Between Programs and Alternative Credentials. *Journal of Latinos and Education*, 1-22. https://doi.org/10.1080/15348431.2024.2329671

WE INVITE YOU TO REFLECT ...

Have you ever faced a problem that seemed to have many levels of difficulty? How did you approach it, and what strategies did you use to solve it?

_____

_____

_____

If there are connections between different ideas or areas of knowledge about a real situation, how do you think this can improve your ability to make more informed and creative decisions?

_____

_____

_____

Imagine you're working on a project with people from different disciplines. How do you think complex thinking can help you collaborate more effectively and find innovative solutions alongside your colleagues?

_____

_____

_____

What do you think is the role of complex thinking in your ability to adapt and thrive in an ever-changing and moving world?

_____

_____

_____

SDGs in Education

The OEM4C is oriented towards the promotion of education that encompasses multiple facets of human development and its interaction with the environment, which is crucial to addressing the Sustainable Development Goals (SDGs) established by the United Nations. In the framework of the SDGs (Figure 6), the model places a significant emphasis on SDG 4 in particular. This SDG seeks to ensure inclusive, equitable and quality education and promote lifelong learning opportunities for all. By integrating complex thinking into the curriculum, students are encouraged to not only acquire knowledge but also develop critical skills and integrative thinking, which enable them to understand and act on complex and multifaceted global problems.

Figure 6. Sustainable Development Goals
(Ramírez-Montoya et al., 2024, based on UNESCO, 2016)

For example, the model highlights the importance of teaching students to analyse how different systems (economic, social and environmental) interact with each other, along with fundamental analysis to achieve SDG 4 Target 4.7, which focuses on ensuring that learners acquire the knowledge and skills necessary to promote sustainable development. This includes education concerning sustainable development and sustainable lifestyles, human rights, gender equality, the promotion of a culture of peace and non-violence, global citizenship, the appreciation of cultural diversity and the contribution of culture to sustainable development. The model, therefore, not only helps students face current challenges but also prepares them to actively contribute to the construction of a more sustainable and responsible future.

Complex thinking becomes an essential competence, enabling each student to analyse global issues from a multidimensional perspective, thus contributing to the advancement of the Sustainable Development Goals (SDGs). Below are practical examples of how the Open Educational Model for Complex Thinking (OEM4C) can be applied to foster learning around each SDG:

SDG 1: No Poverty
In an educational setting, students can develop data analysis projects on poverty within their communities, investigating interconnected socioeconomic factors and proposing intervention strategies based on local resources.

SDG 2: Zero Hunger
Using systemic thinking, students can analyse local supply chains and explore sustainable food production methods, such as urban agriculture, to minimize food insecurity.

SDG 3: Good Health and Well-being
Through scientific thinking, students can study the relationship between lifestyle and health, designing awareness campaigns to prevent chronic diseases within their communities.

SDG 4: Quality Education
Using critical thinking, students can debate and analyse educational policies, evaluating ways to improve access and equity in their local environments.

SDG 5: Gender Equality
With innovative thinking, students can design campaigns and educational materials promoting gender equality, addressing stereotypes, and fostering inclusion from early ages.

SDG 6: Clean Water and Sanitation
Using systemic thinking, students can analyse the water cycle and its impact on their community. Projects could include proposals for water conservation, such as rainwater harvesting systems or grey water recycling.

SDG 7: Affordable and Clean Energy
Through innovative thinking, students can investigate and propose renewable energy solutions tailored to local contexts, such as solar panels or wind energy systems, evaluating their feasibility and benefits.

SDG 8: Decent Work and Economic Growth
With critical thinking, students can explore labour conditions in their communities and develop initiatives promoting sustainable and equitable economic growth, such as creating small businesses that encourage fair trade.

SDG 9: Industry, Innovation, and Infrastructure
Through scientific thinking, students can analyse local infrastructure and its challenges, proposing technological improvements to make it more efficient and sustainable, such as using recycled construction materials.

SDG 10: Reduced Inequalities
Using systemic thinking, students can examine inequalities in their community and propose initiatives to improve social and economic inclusion, such as training programs for vulnerable groups.

SDG 11: Sustainable Cities and Communities
Using critical thinking, students can evaluate urban development in their communities and suggest improvements to promote sustainability, such as creating green spaces or implementing eco-friendly transportation systems.

SDG 12: Responsible Consumption and Production
Through innovative thinking, students can design campaigns promoting responsible consumption, such as reducing single-use plastics or encouraging the purchase of local products.

SDG 13: Climate Action
Using scientific thinking, students can investigate the effects of climate change in their region and design initiatives to mitigate its impacts, such as reforestation projects or education on reducing emissions.

SDG 14: Life Below Water
Through systemic thinking, students can research marine pollution and its causes, proposing solutions to reduce plastic in local water bodies and promoting the conservation of aquatic ecosystems.

SDG 15: Life on Land
Using critical thinking, students can investigate biodiversity in their environment and develop conservation strategies, such as creating native plant gardens or education programs about local species.

SDG 16: Peace, Justice, and Strong Institutions
With critical thinking, students can analyse topics like social justice and human rights, proposing activities that promote peaceful coexistence, such as debates on equity and school conflict mediation programs.

SDG 17: Partnerships for the Goals
Using innovative thinking, students can create collaborative networks with other schools, NGOs, or local governments to design projects supporting the SDGs, highlighting the importance of working together for lasting impact.

These practical examples demonstrate how learning scenarios based on complex thinking not only facilitate the acquisition of competencies but also directly connect learning to the social and environmental challenges of today's world. This connection helps each student understand and actively engage in achieving the SDGs, promoting an education that addresses the specific needs of each context.

References

Ramírez-Montoya, M.S., Basabe, E., Carlos Arroyo, M., Patiño Zúñiga, I.A., Portuguez Castro, M. (2024). *Open model of complex thinking for the future of education*. Octahedron. https://hdl.handle.net/11285/652033

UNESCO (2016). Sustainable Development Goals. https://es.unesco.org/sdgs

TO KNOW MORE …
The Link between the SDGs and the Proposal

What you need to know about education for sustainable development?
Author: UNESCO
Reference: UNESCO (2022). *What you need to know about education for sustainable development.* https://www.unesco.org/en/sustainable-development/education/need-know

▶ If you want to know more about the Sustainable Development Goals (SDGs) and the complex thinking proposal, we encourage you to explore education for sustainable development. This approach seeks to prepare people of all ages to face global challenges such as climate change and biodiversity loss. It provides the knowledge and skills necessary to make informed decisions and act for the benefit of society and the planet. UNESCO is leading this initiative, promoting education policies and supporting programmes that integrate sustainability into education systems globally. By encouraging complex thinking, we can learn to create a more sustainable and just future for all.

Education for the Sustainable Development Goals: Learning Goals
Author: UNESCO
Reference: UNESCO (2017). *Education for the Sustainable Development Goals: learning objectives.* https://unesdoc.unesco.org/ark:/48223/pf0000252423

▶ To discover more about the SDGs and the complex thinking proposal, we recommend you explore this publication, which focuses on how to use education, especially education for sustainable development, to achieve the SDGs. The document offers learning goals, specific topics and activities for each SDG and provides guidance on how to implement them at different levels, from the creation of courses to their integration into national policies. It is designed to help decision-makers, curriculum designers and teachers develop educational strategies that promote SDG-oriented learning, providing flexible guidance that can be adapted to different educational contexts. Together, we can learn and apply this knowledge to build a more sustainable and equitable future.

New Educational Scenarios

Educational scenario *aimed at students*

Software Design for Complex Thinking

Linked SDGs

Scenario Description

This scenario is designed for students interested in developing creative technological solutions through software design, fostering the complex thinking competency and its sub-competencies (systemic, scientific, critical, and innovative thinking). The activity integrates design-based learning with local problems, enabling students to experience an interdisciplinary and sustainable approach within the field of technology.

Scenario Objective

The objective of this scenario is to train students in developing complex thinking through the design of innovative software solutions that address local needs. The activity encourages the identification, investigation, ideation, and socialisation of proposals aligned with the Sustainable Development Goals (SDGs), thus contributing to comprehensive education that responds to contextual challenges.

Main Activity:
Creating a Software Proposal to Address a Local Problem

The core activity involves students working in groups to identify a problem within their community, research it, and create a software proposal offering solutions. The project concludes with the creation and presentation of a 1-minute video in which each group showcases their proposal, highlighting its alignment with the SDGs.

Activity Description
Introduction and Contextualisation

- The facilitator presents the scenario's objective and the complex thinking sub-competencies, emphasising how these skills contribute to solving real-world problems.
- The relevance of SDGs 4 and 9 is discussed, along with how software design can address local needs.

Group Formation and Problem Selection

- Students are divided into heterogeneous groups to ensure diverse perspectives and skills.
- Each group selects a local problem aligned with the SDGs, such as improving educational processes (SDG 4) or optimising infrastructure through technology (SDG 9).

Activity Development
Problem Identification and Contextualisation

- Groups define and describe the problem, justifying its relevance and the need for a solution.
- Each team conducts an initial analysis of local resources and limitations, developing a framework for their proposal.

Empirical Research

- Groups research the background of the selected problem, evaluate existing solutions, and identify opportunities for improvement.
- This phase fosters scientific and critical thinking, encouraging evidence-based decision-making.

Solution Ideation and Design

- Through *brainstorming* sessions and creative design techniques, students generate innovative software ideas.
- Each group evaluates the feasibility and originality of their ideas, selecting the most viable one for development.

Socialisation and Feedback

- Groups present an initial outline of their proposal to their peers to receive constructive feedback.
- This phase strengthens proposals through the exchange of ideas, promoting critical thinking and iterative improvement.

Video Presentation Production

- Each group creates a 1-minute video presenting their software proposal, explaining how it addresses the problem and aligns with the SDGs.
- This video serves as a concise, persuasive summary of their work, fostering communication and synthesis skills.

Uploading and Disseminating Videos
- Videos are uploaded to a designated platform for review and dissemination, enabling all groups to view and comment on one another's proposals.

Activity Closure
Reflection and Final Presentation
- During a joint session, all videos are screened, and a discussion is held on the strengths and areas for improvement of each solution.
- Students reflect on the process, their learning, and acquired skills, documenting their individual and group reflections in a digital portfolio.

Learning Assessment
- Assessment at each stage using rubrics that evaluate the identification, research, creativity, and rigour of the proposal.
- Qualitative feedback from facilitators and peers, alongside student self-assessment.

Evaluation Instruments
- Educators use the eComplex rubric to evaluate the dimensions of complex thinking (systemic, scientific, critical, and innovative) across competence levels (Basic, Intermediate, and Advanced).
- Students complete the eComplexity questionnaire before and after the activity (pre-test and post-test) to measure their self-perception of competency development.

Learning Evidence
- A 1-minute video summarising the software proposal.
- A digital portfolio containing reflections and received feedback.

Materials and Digital Tools
- Computers with internet access for research and development.
- Smartphones or cameras for video recording.
- Video editing software (optional).
- Online collaboration tools (e.g., Google Drive) for storing and sharing materials.

References

Castillo-Martínez, I. M., & Ramírez-Montoya, M. S. (2022). *Instrumento eComplexity: Medición de la percepción de estudiantes de educación superior acerca de su competencia de razonamiento para la complejidad.* https://hdl.handle.net/11285/643622

Castillo-Martínez, I. M., Ramírez-Montoya, M. S., & Millán-Arellano, A. (2022). *eComplex rubric: Instrument for measuring the levels of mastery of complex reasoning competence for university students.* https://hdl.handle.net/11285/650169

Educational scenario *aimed at teachers*

Innovation and Complex Thinking in the Classroom

Linked SDGs

Scenario Description

This training scenario is specifically designed for teachers who aim to foster complex thinking in their students through the Open Educational Model for Complex Thinking (OEM4C). Its purpose is to support teachers in creating educational experiences based on Challenge-Based Learning (CBL) methodologies and leveraging Industry 4.0 technological enablers. This approach enables students to become active agents in solving real-world problems while integrating technology meaningfully into learning processes.

Scenario Objective

The objective of this scenario is to equip teachers to design and facilitate learning experiences that allow students to develop complex thinking skills. Through CBL, teachers will promote the analysis, design, and implementation of solutions to real-world problems related to community infrastructure. In this context, technological enablers from Industry 4.0—such as artificial intelligence, the Internet of Things (IoT), and augmented reality—play a crucial role in enhancing competence acquisition and supporting the development of innovative and sustainable solutions. The elements integrated into the activity are represented in Figure 7. The teacher acts as a mentor and facilitator throughout the learning process, guiding students in identifying and addressing local problems. Additionally, the teacher encourages the use of advanced technologies and connects students with subject-matter experts, fostering interdisciplinary and applied learning.

Main Activity:
Design and Implementation of Technological Solutions for the Community

This activity focuses on the design of infrastructure projects by students, who must identify a real-world problem in their communities, analyse it, and develop a prototype solution supported by advanced technologies. Each student designs, develops, and implements a prototype to address the chosen challenge, ensuring the solution is measurable and evaluable.

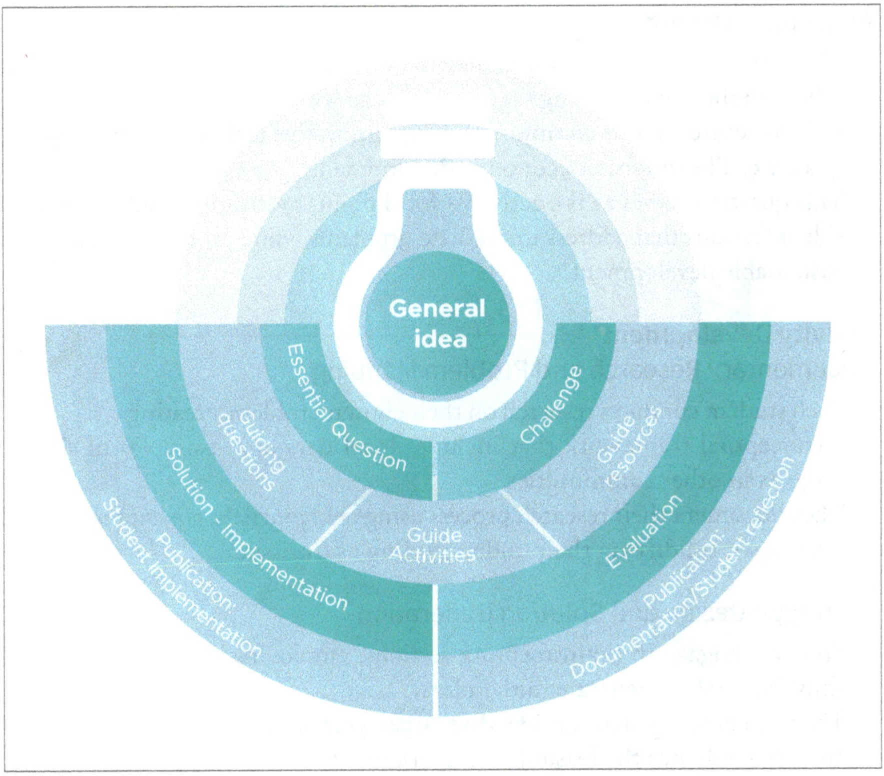

NEW EDUCATIONAL SCENARIOS

Figure 7. Methodological framework for Challenge-Based Learning (CBL) (based on Apple, 2011, and cited in EduTrends, 2015)

Activity Description
Introduction and Diagnosis of Local Needs

- Each teacher invites students to observe and analyse their community's infrastructure (e.g., transport, energy, potable water) and draft an explanatory essay reflecting on how these infrastructures impact quality of life and local economic development.
- Teachers and invited experts present case studies on innovative, sustainable infrastructures, demonstrating how technologies like IoT and AI improve efficiency and sustainability across various contexts.

Challenge Framing

- Through a thought-provoking question, the teacher encourages students to reflect on their role as change agents: How can we design and build sustainable infrastructures in our community using innovative technologies to improve quality of life and foster economic development?
- This question serves as the activity's focal point, motivating students to consider solutions that address immediate problems while promoting long-term sustainable development.

Activity Development

Documentary Research and Problem Mapping

- Each student conducts research on their chosen problem, creating a conceptual framework that includes local data and examples of similar projects in other communities.
- They document their research process using field journals, concept maps, and interviews, solidifying their understanding of the issue.

Prototype Design and Solution Generation

- Students engage in brainstorming sessions, employing creative and critical thinking tools to generate initial ideas.
- They are encouraged to consider diverse perspectives and technological approaches that enhance the feasibility and originality of their proposals.
- Teachers guide students in developing solutions centred on identified technological enablers, integrating IoT devices, AI algorithms, or renewable energy into the prototype design.

Project Executive Summary Development

Each student creates an executive summary that synthesises their project's development process and key elements. It includes:

- Problem description: A detailed analysis of the identified issue and its relevance to the community.
- Proposed solution: An overview of the developed prototype, explaining its functionality and expected benefits.
- Expected impact: A description of the positive changes the solution could generate in the community.
- Solution design: Visual plans, schematics, and prototypes that highlight the integration of advanced technologies.

- Implementation and evaluation plan: A strategy for prototyping and testing the solution in a real-world setting, evaluating its effectiveness and alignment with SDG 9.

Prototyping and Community Validation

- Students test their solutions in a real-world environment to evaluate feasibility, interacting with community members and collecting feedback on the prototype's impact.
- This stage includes gathering suggestions through surveys and interviews to refine and enhance the prototype within its application context.

Activity Conclusion: Reflection and Final Presentation
Evaluation and Documentation

Students evaluate their solution's success through satisfaction surveys and interviews with the community, potentially recording video testimonials to document the project's impact.

They compile their entire experience into a digital portfolio, including activity logs, evaluation results, and personal reflections on their learning journey.

Reflection and Dialogue

- At the activity's conclusion, the teacher facilitates a group reflection on the learning acquired, encouraging dialogue on the role of technology and sustainability in transforming communities.
- Students are invited to reflect on their community interactions and how the process enriched their understanding of local problems and their ability to address them effectively.

Learning Evaluation

The teacher evaluates both the process and the final product through assessment rubrics.

Process Evaluation

- Includes participation in the research, design, and prototyping stages, as well as clarity in project documentation.

Product Evaluation

- Focuses on the final prototype and executive summary, assessing the quality of the solution, its alignment with SDG 9, and its anticipated impact on the community.

Assessment Tools

- Self-assessment surveys and guided questions for reflection.
- Rubrics for evaluating the executive summary and prototype.
- In the case of implementation, a presentation of results with community satisfaction graphs and statistics.

Evidence of Learning

- Executive project summary documenting the developed solution and its community relevance.
- Prototype illustrating the response to the posed challenge.
- Digital portfolio containing reflections and evidence of community interactions and feedback.

Digital Materials and Tools

- Survey platforms: Google Forms, Mentimeter.
- Collaboration tools: Miro, Padlet.
- Prototyping and design software: Simulink, Tinkercad, SketchUp Free, Blender; Figma for collaborative design.
- Presentation and documentation: Google Slides, Prezi Next, Genially, Emaze.
- Evaluation and data collection tools: Excel, Google Sheets, MATLAB Online.
- Digital portfolio platforms: Behance, Wix, Weebly, Portfoliobox.

References

Apple. (2011). *Challenge based learning: A classroom guide.* https://www.apple.com/br/education/docs/CBL_Classroom_Guide_Jan_2011.pdf

EduTrends, R. (2015). *Aprendizaje Basado en Retos.* https://observatorio.tec.mx/wp-content/uploads/2023/03/06.EduTrendsAprendizajeBasadoenRetos.pdf

Educational scenario *aimed at training in companies*

Corporate Social Responsibility and Complex Thinking

Linked SDG

Scenario Description

This training scenario is designed for employees in companies seeking to promote Corporate Social Responsibility (CSR) through the Open Educational Model for Complex Thinking (OEM4C). It focuses on critical analysis and innovation to develop solutions that mitigate the negative impacts of business activities on society and the environment. This scenario is adaptable to various companies and can be customised according to their specific characteristics and needs.

Scenario Objective

The primary objective of this scenario is to encourage participants to reflect on the environmental and social impacts of their company's activities and to develop innovative proposals to reduce these negative effects. Additionally, the aim is for collaborators to strengthen their competence in complex thinking, particularly critical and innovative thinking, by applying these skills in real and relevant contexts within their organisation.

Main Activity:
Analysis and Improvement of Business Practices

The activity is based on Challenge-Based Learning (CBL) and poses a challenge related to sustainability and CSR. Through a process of individual and group reflection, participants will identify business practices that negatively affect the environment and society and develop creative solutions to minimize them.

Activity Description

- Presentation of SDG 12 and Corporate Social Responsibility
- The instructor presents SDG 12, explaining its relevance for companies and its connection to the concept of responsible production and consumption.
- The instructor introduces the role of CSR in achieving sustainability, sharing relevant data and reports on the current impact of the company's production activities on the community and the environment.

- Examples of other companies implementing successful sustainability practices are shared to foster a culture of responsibility and commitment to the surroundings.

Challenge Presentation
- The primary challenge is posed as a motivating question: How can our company mitigate the negative impacts of its activities on society and the environment by implementing innovative and responsible practices?"
- This question aims to encourage participants to critically reflect on their role within the company and the collective impact of their decisions.

Activity Development
Explaining Objectives and Expectations
- The instructor outlines the objectives of the activity and expectations for outcomes, establishing a clear connection between complex thinking, CSR, and the company's environmental and social impacts.

Individual Reflection
- Participants individually reflect on the negative aspects of the company's production activities and their consequences for society and the environment.
- Guiding questions include: "What is the impact of our company on the community?" and "Which current practices could be improved to become more sustainable?"

Group Work: Identifying Areas for Improvement
- Groups are formed to encourage collaboration and idea diversity. Each group uses the Starfish Retrospective technique to categorise the company's practices into five categories:
- Actions to stop due to negative effects.
- Actions to continue because they add positive value.
- Actions to improve to reduce their impact.
- Actions to start to promote sustainability.
- Actions to explore for possible solutions not yet implemented.

Developing Improvement Proposals
Groups brainstorm to generate concrete and achievable solutions to minimise identified negative impacts. For each idea, aspects such as feasibility, cost, and potential impact are discussed.

Proposals include:
- A description of the specific problem being addressed.
- The proposed solution and steps for implementation.
- Required resources and estimated timeline.
- Expected environmental, social, and economic benefits.

Evaluation and Presentation of Proposals
- Groups present their proposals to the rest of the participants and the instructor, who acts as a moderator and provides constructive feedback.
- A group discussion is conducted regarding the feasibility and impact of each proposal, encouraging participants to contribute additional ideas and refine their colleagues' proposals.

Activity Closure:
Evaluation and Final Reflection
Learning Objectives Evaluation
- Participants reflect on the knowledge acquired and skills developed during the activity. Each participant answers questions such as: "What did I learn about our company's impact?" and "How can I contribute more actively to sustainability in my daily role?"
- This reflection allows participants to consider how they can apply the learning to their daily tasks.

Feedback and Satisfaction Survey
- A feedback survey is conducted to gather opinions on the activity's effectiveness and the relevance of the learning outcomes. The survey evaluates aspects such as the clarity of the challenge, the usefulness of the tools used, and the impact on perceptions of social responsibility.
- Based on the survey results, the instructor can make adjustments for future implementations of the scenario.

Application of the eComplex Rubric
- The eComplex Rubric is used to evaluate the quality of proposals and participants' competence in complex thinking, assessing levels of mastery in critical, innovative, and systemic thinking.
- Each group receives detailed feedback on their proposal, highlighting strengths and areas for improvement in their analysis and suggested solutions.

Learning Evidence

- Solution Proposal Presentation: Each group prepares a document describing the identified problem, the objectives of the proposal, implementation strategies, and steps to follow.
- Individual Reflections: At the end of the activity, each participant documents their reflections on their company's impact on the environment and how they can contribute to positive change.

Materials and Digital Tools

- Platforms for initial idea collection: Menti or Slido, to facilitate real-time participation.
- Brainstorming tools and Starfish Retrospective technique: Ideaboardz or Miro, to collaborate visually and in a structured manner.
- Presentation tools: Google Slides, Canva, or Gamma, to facilitate the creation of organised and engaging presentations.

Reference

Castillo-Martínez, I. M., Ramírez-Montoya, M. S., & Millán-Arellano, A. (2022). Rúbrica eComplex: *Instrumento de medición de los niveles de dominio de la competencia de razonamiento complejo para estudiantes universitarios.* https://hdl.handle.net/11285/650169

Educational scenario *aimed at NGOs*

Building Partnerships for an Open Educational Platform

Linked SDGs

Scenario Description

This training scenario is designed for Non-Governmental Organisations (NGOs) seeking to promote inclusive and accessible education through the development of open educational platforms. The focus lies on establishing strategic partnerships with universities and technology companies that can provide resources, expertise, and technical support within the framework of the Open Educational Model for Complex Thinking (OEM4C). This scenario enables NGOs to create sustainable educational solutions with social impact in collaboration with key stakeholders.

Scenario Objective

The aim of this scenario is for NGO participants to identify and build strategic partnerships with universities and technology companies with Corporate Social Responsibility (CSR) programmes to develop an open educational platform. The platform proposal should include clear goals, an impact analysis, and a resource planning strategy. The development of this platform seeks to expand access to education and reduce inequalities through the use of technology.

Main Activity:
Identifying and Developing Strategic Partnerships

This activity focuses on identifying potential partners and creating a proposal for an open educational platform aligned with the NGO's objectives. Participants will research and evaluate technology companies with CSR programmes, develop a collaboration plan, and design strategies to measure and monitor the platform's impact.

Activity Description

Introduction to the Sustainable Development Goals and the Importance of Partnerships:

- The instructor introduces the relevant SDGs (4, 9, 10, and 17), explaining how each contributes to the NGO's mission in education and social development.
- The importance of partnerships for the sustainability of educational projects is highlighted, providing examples of successful collaborations between NGOs, companies, and universities.

Setting Objectives and Alliance Strategy

- The instructor explains the primary objective of the activity: to identify and plan a collaboration strategy for an open educational platform leveraging support from strategic partners.
- The characteristics of an effective partnership are discussed, including mutual benefits, alignment of values, and the importance of clear planning.

Identification of Key Stakeholders and Potential Resources

- Participants, working in groups, research technology companies and universities with CSR programmes aligned with the NGO's objectives.
- A discussion follows about the types of support these organisations can provide (e.g., funding, technology, technical guidance) and how these collaborations can benefit all stakeholders.

Development of the Activity
Analysis of Potential Partnerships and Resource Evaluation

- Each group selects several companies and universities with which collaboration is deemed feasible and analyses their CSR programmes. This includes studying previous initiatives in education and technology.
- Participants compile a list of potential strategic partners, outlining how each can contribute to the project and the benefits they might gain by participating in a socially responsible initiative.

Defining Platform Objectives and Value Proposition

- Groups define the primary goals of the educational platform, describing how it will benefit target communities and align with the SDGs.
- A value proposition is developed to articulate how the platform will advance quality education and reduce inequalities, highlighting the advantages of collaboration with the NGO.

Project Planning: Structure and Implementation Strategy
- Groups create an implementation plan for the open educational platform, detailing the necessary resources, development stages, and the support expected from each partner.
- Brainstorming sessions define roles and responsibilities within the collaboration. This information is documented in a responsibility matrix that outlines each partner's contributions and the overall project structure.

Developing Monitoring and Impact Evaluation Strategies
- Participants design monitoring strategies to assess the platform's impact, establishing key performance indicators (KPIs) to evaluate the collaboration's effectiveness and educational objectives.
- Indicators may include the number of users accessing the platform, user satisfaction levels, retention rates, and the impact on learning in target communities.

Preparation and Practice of Presentations for Potential Partners
- Each group prepares an initial project proposal and a pitch presentation for an informational meeting.
- Role-play activities simulate business meetings, where groups present their projects and collaboration proposals to a simulated audience. Feedback is provided to refine the proposals.

Activity Closure:
Evaluation and Action Plan for Future Collaborations
Final Report and Project Review
- Each group produces a final report summarising the key aspects of the platform project, including objectives, expected impact, a list of potential partners, and the implementation plan.
- Strategies for recognising and publicly thanking collaborating companies are included to strengthen long-term relationships and commitment to education.

Opportunity Mapping and Action Plan for New Collaborations
- Groups create a visual map identifying future collaboration opportunities and joint projects with other stakeholders.
- An action plan outlines the steps for implementing the platform and expanding the network of strategic partners.

Final Reflection on Learning and Collaboration Experience
- A group reflection allows participants to share key learnings, how the activity enhanced their understanding of strategic partnerships, and the importance of complex thinking in educational projects.

Assessment of Learning
- Initial Stage Assessment: A preliminary survey assesses participants' knowledge of the SDGs and the importance of strategic partnerships. A rubric evaluates the analysis of CSR programmes and the planning guide creation.
- Development Assessment: Rubrics assess the clarity and robustness of the initial proposal, the pitch presentation, and the responsibility matrix.
- Final Outcome Assessment: Checklists ensure the final report meets requirements, and verification lists evaluate the visual map of opportunities and the action plan.

Evidence of Learning
- Analysis of CSR Programmes: Document detailing and evaluating selected companies' CSR programmes.
- Planning Guide and Responsibility Matrix: Document outlining project steps and role distribution.
- Project Pitch and Informational Meeting Simulation: Presentation summarising the project and collaboration proposal.
- Final Report: Comprehensive document including objectives, value proposition, and development planning.
- Visual Map of Opportunities: Map reflecting potential future collaborations.

Materials and Digital Tools
- Surveys and Forms: Google Forms, Mentimeter for gathering opinions and assessing prior knowledge.
- Planning Tools: MS Project, Slack, Trello for organising projects and assigning responsibilities.
- Visual Mapping Platforms: Miro, Padlet for creating opportunity maps and brainstorming.
- Presentation and Pitch Tools: Google Slides, Prezi Next, Genially, Emaze for professional presentations.
- Video Pitch Tools: Shotcut, OpenShot, DaVinci Resolve for editing pitch videos.

Educational scenario *aimed at lifelong learning*

Developing Healthy Habits for Holistic Well-being

Linked SDG

Scenario Description

This educational scenario is designed for individuals interested in improving their health and well-being using the Open Educational Model for Complex Thinking (OEM4C). The focus is on promoting critical reflection on daily habits and developing a personalised action plan to adopt sustainable and healthy lifestyle practices. The activity fosters lifelong learning and is adaptable to diverse contexts and needs.

Scenario Objective

The objective is for participants to reflect on their lifestyle habits, identify areas for improvement, and develop a personalised plan that promotes holistic well-being. Through Research-Based Learning (RBL), participants enhance complex thinking by identifying healthy habits and formulating sustainable strategies to integrate them into daily life.

Main Activity:
Reflection and Improvement of Habits for Well-being

This activity encourages participants to perform a self-assessment of their current habits, research healthy practices, and create a detailed action plan to improve their physical and mental well-being. Participants use apps and online resources to track their habits and progress.

Activity Description

Introduction to SDG 3 and the Importance of Well-being
- The instructor introduces SDG 3, highlighting its relevance to quality of life and the importance of healthy habits for physical and mental health.
- A group discussion is initiated on factors affecting personal well-being, such as nutrition, exercise, rest, and stress management. During this dialogue, examples of healthy lifestyles and success stories are shared.

Initial Self-assessment of Habits

- Each participant performs a self-assessment covering aspects such as nutrition, exercise, sleep, and stress management.
- The self-assessment serves as a foundation for participants to identify areas for improvement and establish personal health-related goals.

Reflection and Key Question

- Participants reflect on the central question: "How can I improve my daily habits to promote holistic health and well-being?"
- This reflection helps participants visualise how small changes in their routines can have a positive long-term impact on their well-being.

Activity Development
Individual Research on Healthy Habits

- Each participant researches healthy practices using reliable sources provided by the instructor, such as the World Health Organization (WHO) and National Institutes of Health (NIH) websites.
- This research helps individuals better understand the benefits of specific habits and identify those they wish to implement or improve.

Group Work: Discussion and Creation of Habit Maps

- Small groups are formed to discuss strategies and exchange ideas for habit improvement. Participants share their findings and personal experiences, fostering collaborative learning.
- Groups use the "Habit Mapping" technique to categorise habits they wish to improve, eliminate, or adopt. This technique helps visualise how various habits interact and contribute to holistic well-being.

Using Apps for Habit Tracking and Gamification

- Participants explore the app Habitica, a gamification platform that enables users to monitor and maintain habits through a game-based approach. This encourages adherence to new habits by making the process engaging and motivating.
- Through the app, participants set daily and weekly goals for habit tracking, facilitating gradual and sustained improvement.

Developing Proposals and Action Plans
- Based on their research and group discussions, each participant develops an action plan detailing the steps to improve their lifestyle habits.
- The plan includes short-, medium-, and long-term goals, as well as strategies for overcoming challenges and maintaining motivation. Participants are encouraged to consider how each habit influences other aspects of their life and overall well-being.

Presentation and Evaluation of Proposals
- Groups present their action plans to the rest of the participants, receiving feedback from both the instructor and their peers.
- A discussion is held on the feasibility and effectiveness of the proposals, emphasising how small changes in daily habits can significantly improve holistic well-being.

Activity Closure:
Reflection and Personal Implementation
Learning Objectives Evaluation
- Participants reflect on the knowledge gained and its impact on their perception of health and well-being. They are encouraged to identify changes in their perspective and plan how to apply these learnings to their daily lives.

Development of a Personal Implementation Plan
Each participant creates a personal implementation plan detailing how they will apply the proposed changes in their daily lives. The plan includes:
- Short- and Long-term Goals: Specific objectives participants aim to achieve regarding healthy habits.
- Monitoring Strategies: Methods for tracking progress and maintaining motivation, such as using Habitica or keeping a wellness journal.
- Self-commitment Methods: Actions to reinforce personal commitment, such as setting reminders or sharing goals with friends or family.

Final Reflection and Discussion on Long-term Maintenance
- A final discussion is held on the challenges and opportunities for maintaining a healthy lifestyle in the long term. Participants explore ways to sustain their new habits and integrate continuous improvement into their lives.

Assessment of Learning

- Initial an Final Self-assessment: Participants compare their initial and final self-assessments to measure progress in their lifestyle habits.
- Group Feedback: Evaluation of the proposals and action plans presented by each group, assessing their impact on general health and well-being.
- Evaluation Rubric: A rubric is used to measure the development of critical and systemic thinking in creating and presenting the action plans.

Evidence of Learning

- Personalised Action Plans: Documents detailing specific steps and strategies for implementing healthy habits.
- Individual Reflection Notes: Reflections on the impact of habit changes on personal well-being and lessons learned during the activity.
- Habit Tracking Reports: Records of progress in implementing new habits using digital tools like Habitica or a wellness journal.

Materials and Digital Tools

- Self-assessment Platforms: Google Forms to record and compare initial and final self-assessments.
- Tools for Creating Habit Maps: Collaborative platforms like Miro to visualise and organise habits.
- Gamification App for Habit Tracking: Habitica, which facilitates habit tracking in an engaging and motivating manner.
- Presentation Tools: Google Slides, Canva, or Gamma for creating action plan presentations.
- Consultation Resources: Reliable health websites, such as the WHO (www.who.int) and NIH (www.nih.gov), for evidence-based information on healthy practices.

1. Situate oneself in one's own context, recognising our abilities and characteristics. For example, if we are a group of teachers serving students, we must consider the institution or training channel where we are, the training objectives that govern us, the profile and characteristics of each student, the resources we have, the priorities of our region, our values, our culture and the particular characteristics of our society. This visualisation contributes to the development of critical thinking.

2. Define the problem we want to address and link it to one or more SDGs. Identify the urgent needs of each context and also what is important according to cultural, ethical and normative frames of reference to define where we direct our efforts. This definition is substantial in the development of complex thinking. To obtain an effective link with the SDGs, it is recommended to consult the targets that emerge from the identified SDGs and recognise which target would be supported when trying to mitigate the identified problem.

3. Research on the available knowledge in a systematic way. This inquiry will lead us to know in greater detail the causes and consequences of the problem, as well as previous contributions to and attempts to solve this problem in the past. We will also know clearly how many people it affects and the data regarding its impact. This research is basic for the development of scientific thinking.

4. Identify who we want to benefit from our proposal, imagining the future we want. At this stage it is very important to ask ourselves how to include different groups of people who need to benefit from this solution as well as who may have different roles, such as watchdogs, partners, regulators, participants, etc. This identification underpins the development of systemic thinking.

5. Construction of a solution proposal based on the knowledge acquired in the previous stages. The intention is to promote the search for innovative solutions and the generation of proposals that benefit the selected community in a creative and sustainable way, whether as social interventions, ventures, collaborative initiatives, etc. This identification points to the development of innovative thinking.

6. Structure directed towards the sector served. The last phase prior to implementation consists of shaping the scenario and adjusting it according to what each sector and type of participant requires. For example, if they are adults in training, they could choose to start a citizen participation project or an entrepreneurship project. In the case of people employed in training, they could solve a challenge for their company to generate innovative processes. In the event that the participants are students, their teachers could propose training experiences within their courses. This construction is related to the development of complex thinking.

Figure 8.
Recommendations for implementing the Open Educational Model for Complex Thinking

Recommendations for Implementation

The implementation of the OEM4C depends on its adoption by different people: students, teachers, companies, adults in training throughout their lives and those who work towards the achievement of the SDGs from various fronts of action. For each sector, the implementation recommendations will have different approaches; however, all of them focus on the construction of a training scenario that considers the development of the four sub-competencies of complex thinking: scientific, critical, systemic and innovative. But how can we include these elements in scenarios that can be visualised from different approaches? The answer is contained in the creation of solutions to problems of our reality, where the needs of a certain group of people are located, and a solution that meets our particular context is proposed, taking what is known about the subject globally as a reference.

Figure 8 will help you establish appropriate guidelines for the implementation of the model in each of the relevant sectors. It should be noted that the options for generating scenarios are endless; above all, the answers to each challenge will always be unique and close to the interests, approaches and capacities of the people who seek solutions to the challenges that are presented to us in the present and that will shape our future.

OPEN EDUCATIONAL RESOURCES (OER)

OER: Building the Future of Education Together:
Innovation, Interdisciplinary Research and Open Science
Authors: IRG-R4C Interdisciplinary Research Group Scaling Complex Thinking for All
Reference: IRG- R4C Interdisciplinary Research Group Scaling Complex Thinking for All (2023). *Bootcamp Building the Future of Education Together: Innovation, Interdisciplinary Research and Open Science* [Website]. Tecnológico de Monterrey. Comillas, Spain.
https://www.research4challenges.world/en/future-education-bootcamp

▶ We invite you to explore an open educational resource in the form of a website, which we have selected with you in mind. In the bootcamp 'Building the Future of Education Together: Innovation, Interdisciplinary Research, and Open Science', you will find a collection of session videos available as OER. These materials are intended to train researchers and educators in the fields of educational innovation and sustainability. Join us on this journey of learning and discovery, where we can drive the future of education with accessible and collaborative tools together. Explore, learn and contribute to positive change!

OER: Building together the future of education:
Innovation, interdisciplinary research and open science
Authors: María Soledad Ramírez Montoya, M. S., & Jhonattan Miranda Mendoza
Reference: Ramírez Montoya, M. S., & Miranda Mendoza, J. (2024). *Building together the future of education: Innovation, interdisciplinary research and open science* [Video].
https://hdl.handle.net/11285/676165

▶ Through an open educational resource in video format, you will be able to see inspiring examples of open collaboration to build the future of education. These videos highlight the experiences of participants working together to develop innovative and sustainable solutions in education, with a focus on fostering complex thinking. Join this learning community and discover how, through cooperation and creativity, we can drive positive and lasting change in education. Watch, learn and participate in educational transformation!

OER: Mobilizing the Future of Education with a Complex Thinking Model
Author: Inés Alvarez-Icaza
Reference: Alvarez-Icaza, I. (2023). *Mobilizing the future of education with a complex thinking model* [Video]. Webcast program: Future of education in complexity. Tecnológico de Monterrey.
https://hdl.handle.net/11285/651642

▶ We share an open educational resource in video format that is truly fascinating. It invites us to unravel together what complex thinking is and how you can apply its sub-competencies in any field you are passionate about. Imagine we're sitting in a café, sharing ideas and discovering together how these tools can enrich our thinking and problem-solving. This video will guide you, in a clear and accessible way, to understand these concepts and will give you the keys to apply them in your professional and personal lives. Join this learning adventure, and let's discover the power of complex thinking together. Let's build in a network!

OER: Cultivating the potential of the Internet of Things to transform the future of education
Authors: José Carlos Vázquez (interviewer) & Rasikh Tariq (interviewed)
Reference: Vázquez, J.C. Tariq, R. & (2023). *Cultivating the potential of the Internet of Things to transform the future of education* [Video]. Webcast program: Future of education in complexity. Tecnológico de Monterrey. https://repositorio.tec.mx/handle/11285/651555

▶ With this interview, we are going to reflect together on the importance of developing complex thinking and its sub-competences, especially in the context of the growing use of artificial intelligence in our classrooms. Imagine that we are at a round table with José Carlos Vázquez and Rasikh Tariq, sharing ideas and learnings. This video gives us a unique opportunity to understand how these skills can be indispensable tools in our education and how we can apply them to face the challenges of the future. Join me in this enriching experience, and let's discover the power of complex thinking together. Let's learn as a community!

OER: : Cultivating Higher Order Competencies:
Complex Thinking in Latin American University Context.
Authors: Jorge Carlos Sanabria Zepeda, María Soledad Ramírez Montoya,
Francisco José García Peñalvo & Marco Antonio Cruz Sandoval
Reference: Sanabria-Z, J., Ramírez-Montoya, M.S., García-Peñalvo, F.J., Cruz-Sandoval, M. (2024). Cultivating Higher Order Competencies: Complex Thinking in Latin American University Context [Text]. In: McLaren, B.M., Uhomoibhi, J., Jovanovic, J., Chounta, IA. (eds) *Computer Supported Education. CSEDU 2023*. Communications in Computer and Information Science, vol 2052. Springer, Cham. https://doi.org/10.1007/978-3-031-53656-4_5 https://hdl.handle.net/11285/652280

▶ Through an educational resource in text format, presented at an international conference, we will analyse how 150 university students from different Latin American countries perceive these skills, revealing interesting differences based on gender, academic discipline and nationality. The findings, made under the rigorous ethics of the IRG-R4C research group and the Institute for the Future of Education at Tecnológico de Monterrey, offer us valuable perspectives to improve our pedagogical practices and lay the foundations for future research. Join this learning community, and let's discover how we can transform education together. Let's grow together!

CALL TO ACTION

We want to listen to you and learn with you!
The great challenges of our time can only be solved in collaboration and by harnessing the value of diversity. For this reason, we invite each person who wishes to participate, to join the project and collaborate or contribute to the construction of a better future through the development of capacities and competencies of the communities. If you have projects you want to test, research to do, ideas you want to materialise or a community you want to train, be sure to contact us. We would like to build collaboratively with you. Whether civil society, schools, universities, companies or legislative groups, each sector has a valuable vision to contribute to the future of education.

We invite you to be part of it!
Our research group: https://tec.mx/es/r4c-irg
Explore our projects: https://www.research4challenges.world/

Join the Open Educational Model for Complex Thinking (OEM4C):
https://www.research4challenges.world/complex-thinking

GLOSSARY

Sustainable Development Goals (SDGs): The SDGs are a set of global and concrete action-oriented goals whose purpose is to protect the planet, eradicate poverty and achieve peace and prosperity for all people. Each SDG includes several specific targets that detail how to achieve each goal, promoting a comprehensive approach to sustainable development around the world.

Complex Thinking: Complex thinking is the ability to observe reality by considering the totality of the factors that converge to shape it. Rather than focusing on each factor in isolation, it is understood that each part contributes to and is influenced by the totality of reality. This integrative approach allows us to understand how the different parts are interrelated and affect each other, providing a more complete and in-depth view of the world.

Contenido

ESPAÑOL

Sobre Nosotros — 9

Carta Editorial — 11

Objetivos — 13

¿Qué es el pensamiento complejo? — 17

Innovación Educativa en Acción — 21

ODS en la Educación — 25

Nuevos Escenarios Educativos — 30

Recomendaciones para la implementación — 57

Llamado a la Acción — 60

Glosario — 61

Moviliza tu Pensamiento para la Complejidad

Modelo Educativo Abierto
para el Pensamiento Complejo (OEM4C)

María Soledad Ramírez-Montoya
Doctora en Filosofía y Ciencias de la Educación.

Inés Alvarez Icaza Longoria
Doctora en Ingeniería.

Pamela Geraldine Olivo Montaño
Doctora en Filosofía de la Ciencia.

Edgar Omar López Caudana
Doctor en Comunicaciones y Electrónica.

Carolina Alcántar Nieblas
Doctora en Educación.

Isolda Castillo Martínez
Doctora en Innovación Educativa.

Virginia Rodés Paragrino
Doctora en Equidad e Innovación en Educación.

Fabián Eduardo Basabe
Doctor en Tecnología Educativa.

May Portuguez Castro
Doctora en Innovación Educativa.

José Carlos Vázquez Parra
Doctor en Estudios Humanísticos.

Laura Icela González Pérez
Doctora en Formación de la sociedad del conocimiento.

Figura 1.
Integrantes del R4C-IRG movilizadores del Modelo Educativo Abierto para el Pensamiento Complejo.

Sobre Nosotros

Somos integrantes del grupo de investigación R4C-IRG Escalando el pensamiento complejo para todos (Figura 1), nos apasiona llevar la educación superior a nuevos niveles de excelencia. Nos dedicamos a desarrollar y promover competencias avanzadas de razonamiento para enfrentar la complejidad del mundo moderno. Utilizamos estrategias de Ciencia Abierta y las más avanzadas Tecnologías 5.0, como la inteligencia artificial y la ciencia de datos, para crear sistemas formativos que preparen a las personas para los desafíos del futuro. Nuestra labor se enlaza con proyectos que integran a diversos sectores como la universidad, la industria, el gobierno y al sector civil, buscando siempre soluciones sostenibles que beneficien a toda la sociedad.

Nuestra visión es clara y ambiciosa: contribuir de manera significativa al futuro de la educación, creando soluciones innovadoras para los problemas y retos de la sociedad actual. Nos alineamos con los objetivos de la agenda 2030 de la UNESCO para el desarrollo sostenible, fomentando la colaboración interdisciplinaria y la construcción de redes académicas robustas. En R4C-IRG, trabajamos para formar una nueva generación de profesionales altamente competitivos y comprometidos con el bienestar social, siempre buscando habilitar soluciones innovadoras que respondan a los retos presentes y futuros.

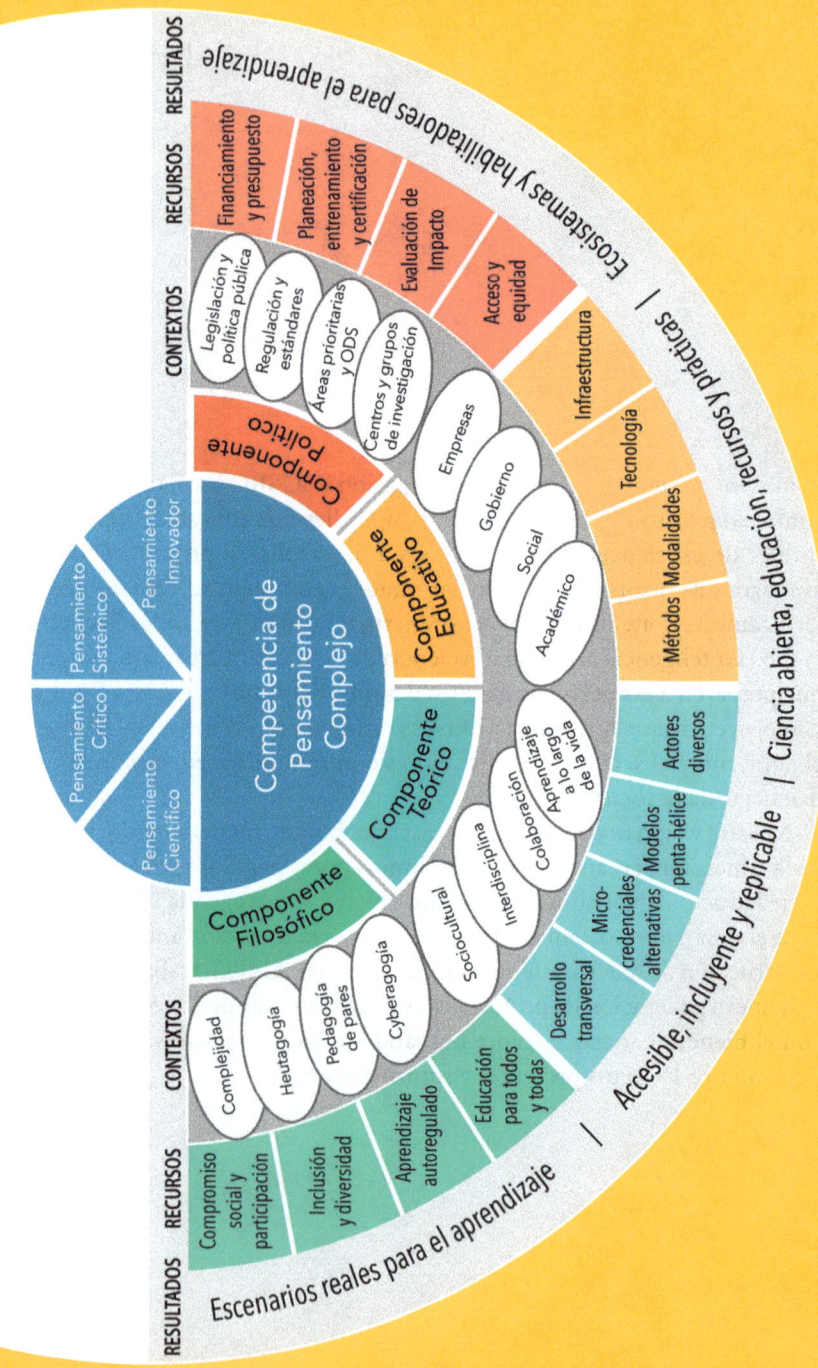

Figura 2.
Open Model of Complex Thinking
(Ramírez-Montoya, et al., 2024).

Carta Editorial

Imagina que estamos en un emocionante viaje, explorando nuevas formas para mejorar nuestras competencias de pensamiento complejo. El Modelo Educativo Abierto para el Pensamiento Complejo (Open Educational Model for Complex Thinking, OEM4C por sus siglas en inglés) es un proyecto innovador que nos permite escalar los niveles de dominio en esta competencia esencial y sus subcompetencias (pensamiento crítico, pensamiento científico, pensamiento innovador y pensamiento sistémico), a través del diseño y prueba de un modelo educativo abierto para promover el pensamiento complejo (Figura 2).

Los principales beneficiarios de este modelo son estudiantes de educación superior, docentes, personas dedicadas a la investigación, toma de decisiones, y en general que tengan interés para aprender a lo largo de la vida. Consideramos que el modelo promueve el pensamiento complejo a través de exponernos a situaciones retadoras para buscar soluciones y nos proporciona herramientas esenciales para solucionar problemas de manera más eficiente y efectiva.

La importancia de este modelo radica en su capacidad para ayudar a preparar mejor a las personas a enfrentar los desafíos del mundo actual y futuro. Nos ayuda a fortalecer competencias clave, no solo nos permite ser más eficientes en la resolución de problemas específicos de nuestra vida o campo profesional, sino que también adquirimos habilidades complementarias que son fundamentales para nuestro aprendizaje a lo largo de la vida. Trabajando de manera colaborativa con instituciones educativas, agencias públicas, empresas y organismos certificadores, estamos construyendo un futuro donde la educación sea accesible, inclusiva y adaptada a las necesidades de una sociedad en constante cambio. Este esfuerzo colectivo fortalece nuestra comunidad, haciendo que el conocimiento y las competencias estén al alcance de *todas las personas*.

¡Juntos, estamos construyendo acciones educativas encaminadas a una formación accesible para aprender y enfrentar los desafíos del presente y los retos del futuro!

Referencia

Ramírez-Montoya, M.S., Basabe, E., Carlos Arroyo, M., Patiño Zúñiga, I.A., Portuguez Castro, M. (2024). *Modelo abierto de pensamiento complejo para el futuro de la educación*. Octaedro. https://hdl.handle.net/11285/652033

OBJETIVOS

Nuestro objetivo es movilizar los niveles de dominio de la competencia de pensamiento complejo y sus sub-competencias (pensamiento crítico, sistémico, innovador y científico) en estudiantes de educación superior, docentes, personas dedicadas a la investigación, toma de decisiones, y en general que tengan interés para aprender a lo largo de la vida, a través del Modelo Educativo Abierto para el Pensamiento Complejo, que pueda beneficiar a todos los sectores de la población, incluyendo el educativo, gubernamental y empresarial.

Objetivos específicos

1. Promover competencias de alto nivel, como el pensamiento complejo, para abordar los desafíos globales de hoy en día.

2. Brindar una formación más completa y adaptada a las necesidades de un mercado laboral cada vez más exigente.

3. Proporcionar un modelo de formación abierto y transferible para beneficiar a las universidades, empresas y gobierno.

Figura 3.
Objetivos generales y específicos del proyecto Modelo Educativo Abierto para el Pensamiento Complejo

Objetivos

Introducción

En el presente y hacia el futuro, la educación se transforma en el laboratorio donde cada mente es un potencial genio en desarrollo; al movilizar el pensamiento de altas capacidades, estamos forjando un mundo donde la creatividad y la innovación no tienen límites, y cada persona se convierte en arquitecto de un futuro brillante e inclusivo. Con esta motivación, el Modelo Educativo Abierto para el Pensamiento Complejo emerge como una luz de esperanza, prometiendo una transformación educativa que fomente competencias avanzadas de pensamiento, adaptabilidad y colaboración, elementos esenciales para los entornos complejos característicos del siglo XXI.

La rápida evolución tecnológica y los cambios socioeconómicos globales han revelado una brecha significativa entre las habilidades impartidas por los sistemas educativos tradicionales y las necesidades del mercado laboral y la interacción social contemporánea. Esta desconexión subraya la urgencia de innovar en educación. El Modelo Educativo Abierto para el Pensamiento Complejo, desde un enfoque integrador y práctico, busca disminuir esta brecha, no solo para mejorar la empleabilidad de la juventud, sino también para brindar herramientas críticas que ayuden a enfrentar los complejos retos ambientales y sociales.

Hoy, estamos en el emocionante camino de transformar la educación para que las personas desarrollen competencias de alto nivel, de manera efectiva, integrando tecnologías digitales y un enfoque interdisciplinario claro que fomente el pensamiento complejo y la innovación constante. En esta línea, nuestro proyecto se fundamenta en una síntesis de teorías educativas avanzadas que incluyen: el constructivismo, que entiende al aprendizaje como un proceso activo basado en experiencias previas; el aprendizaje basado en problemas, que desarrolla el pensamiento crítico mediante la inmersión en situaciones complejas; la teoría de la complejidad, para abordar retos para el desarrollo sostenible; y, el aprendizaje adaptativo, que personaliza la educación a través de tecnologías avanzadas. Esta integración de tecnologías emergentes con estas teorías ofrece un modelo pedagógico innovador y práctico, que se ajusta a las necesidades de la sociedad actual.

El pensamiento complejo es una competencia indispensable para las personas que desarrollan actividades profesionales en el presente con proyección al futuro, especialmente en un entorno laboral que continúa evolucionando a un ritmo acelerado debido a la innovación de las tecnologías digitales y a la globalización. Esta competencia permite a las personas analizar situaciones multifacéticas, integrar diversas fuentes de información y desarrollar soluciones innovadoras a problemas que a menudo deben ser analizados desde diversas perspectivas disciplinarias y altamente dinámicas.

En este contexto, el proyecto que promueve el Modelo Educativo Abierto para el Pensamiento Complejo -OEM4C- (Figura 4) tiene la visión de contribuir con la formación de futuros profesionales y promover habilidades de alto nivel esenciales para abordar los desafíos globales apoyando el aprendizaje a lo largo de la vida. El Modelo no solo busca preparar a estudiantes y a las personas para enfrentar los desafíos laborales, sino que también les capacita para liderar y contribuir eficazmente en los diversos roles y actividades de ciudadanía global, promoviendo una transformación significativa y adaptativa. Esta alineación entre las competencias desarrolladas y las exigencias de la sociedad contemporánea subraya la relevancia y la urgencia de implementar este modelo innovador en la educación superior y en iniciativas de aprendizaje a lo largo de la vida.

Implementar el Modelo Educativo Abierto para el Pensamiento Complejo revoluciona la experiencia educativa, haciendo el aprendizaje más interactivo, personalizado y relevante, además de mejorar los resultados educativos generales. El modelo tiene el potencial de beneficiar particularmente a estudiantes en contextos desfavorecidos, ofreciendo acceso equitativo a recursos educativos de alta calidad con los Recursos Educativos Abiertos (REA) que se integran y desarrollan a través del Modelo. Esto no solo aporta a la nivelación "del campo de juego" educativo, sino que también prepara a cada estudiante, independientemente de su origen, a contribuir con sus acciones efectivamente en sus comunidades y economías locales.

Asimismo, este modelo también se extiende a profesionales en activo y personas que buscan mejorar sus competencias y adaptabilidad en una sociedad dinámica. Al enfocarse en desarrollar el pensamiento complejo, el proyecto tiene como objetivo empoderar a estas personas para que se conviertan en líderes y agentes de cambio capaces de abordar desafíos globales y contribuir de manera efectiva a sus comunidades y sectores profesionales. La inclusividad y la accesibilidad son pilares

Figura 4. Página web del proyecto OEM4C
(https://www.research4challenges.world/complex-thinking)

de este modelo, asegurando que personas de diversos contextos socioeconómicos y culturales puedan beneficiarse de un esquema de aprendizaje adaptativo y de vanguardia, que promueva la equidad educativa y la excelencia.

Al mirar hacia el futuro, el Modelo Educativo Abierto para el Pensamiento Complejo no solo representa un cambio necesario en la forma en la que educamos a las próximas generaciones, sino que también establece un nuevo estándar para la innovación educativa. Continuar por esta senda innovadora es crucial para enfrentar los retos globales y para garantizar que la educación siga siendo una herramienta poderosa de cambio personal y social. Nuestra iniciativa no solo pretende responder a las necesidades actuales, sino que también aspira a ser un legado duradero en la evolución de la educación y la sociedad..

Referencia

Ramírez-Montoya, M.S., Basabe, E., Carlos Arroyo, M., Patiño Zúñiga, I.A., Portuguez Castro, M. (2024). *Modelo abierto de pensamiento complejo para el futuro de la educación.* Octaedro.

El Modelo Educativo Abierto para el Pensamiento Complejo (OEM4C) está diseñado para responder a las necesidades específicas de los siguientes grupos:

1. Estudiantes de educación superior:
Este grupo constituye el principal beneficiario del modelo, ya que, mediante el desarrollo del pensamiento complejo, se les prepara para enfrentar problemas multidimensionales en contextos profesionales y sociales. El modelo les proporciona herramientas para analizar, innovar y colaborar, habilidades cruciales en un mercado laboral globalizado y en rápida transformación.

2. Docentes y profesionales de la educación:
El OEM4C facilita el rol de docentes como personas facilitadoras del pensamiento complejo, brindándoles metodologías y recursos pedagógicos para implementar en el aula. Esto no solo fortalece sus propias competencias de enseñanza, sino que también les permite guiar a cada estudiante en la construcción de conocimientos aplicables a la vida real.

3. Personas Investigadoras:
Para quienes realizan investigación, el modelo fomenta una aproximación interdisciplinaria que promueve la comprensión profunda de fenómenos complejos y multidimensionales. La adopción de este enfoque contribuye al desarrollo de proyectos más integradores y de mayor impacto social, alineados con los Objetivos de Desarrollo Sostenible.

4. Personas tomadoras de decisiones en instituciones educativas y empresas:
El modelo ofrece herramientas y perspectivas que ayudan a quienes toman decisiones a adoptar estrategias innovadoras y sostenibles en sus entornos. Al comprender la importancia del pensamiento complejo, quienes lideran proyectos pueden diseñar políticas y programas que respondan a los desafíos contemporáneos de manera inclusiva y efectiva.

5. Personas interesadas en el aprendizaje a lo largo de la vida:
Finalmente, el OEM4C está dirigido a diversas personas que deseen fortalecer sus competencias en pensamiento complejo como herramienta para el aprendizaje continuo. Este enfoque es particularmente útil en un mundo donde las demandas profesionales y sociales cambian rápidamente, y donde la capacidad de adaptación es fundamental.

¿Qué es el pensamiento complejo?

El pensamiento complejo es una forma de entender el mundo que reconoce y aborda la interconexión y la multiplicidad de factores presentes en una situación específica. En lugar de simplificar las cosas en partes más pequeñas y manejarlas una por una, el pensamiento complejo nos invita a observar todas las partes que conforman una situación en su totalidad, considerando cómo los elementos se influyen y se relacionan entre sí. Esta aproximación es particularmente útil en tiempos de gran incertidumbre o cuando enfrentamos problemas que no tienen respuestas fáciles o automáticas, como el fenómeno del cambio climático o las crisis económicas. Al adoptar un enfoque de pensamiento complejo, seremos capaces de apreciar mejor la diversidad y las dinámicas de nuestro entorno, permitiéndonos tomar decisiones más informadas y efectivas.

El pensamiento complejo es una metacompetencia esencial que nos permite abordar problemas y situaciones con una perspectiva amplia e integradora. Esta competencia combina cuatro tipos de pensamiento: sistémico, científico, crítico e innovador (Ramírez-Montoya et al., 2022). El pensamiento sistémico nos ayuda a ver y entender las conexiones entre las diferentes partes de un sistema, reconociendo cómo cada parte influye en las demás (García et al., 2020). El pensamiento científico se basa en la observación y la experimentación para entender los fenómenos de manera objetiva y basada en evidencias, permite desarrollar la capacidad intuitiva, de evaluación y reflexión profunda (Suryansyah et al., 2021). El pensamiento crítico nos permite evaluar información y argumentos, identificando sesgos y conclusiones erróneas (Sellars et al., 2018). Finalmente, el pensamiento innovador nos empuja a buscar soluciones creativas y efectivas a los problemas existentes (Wisetsat y Nuangchalerm, 2019). Al integrar estos cuatro tipos de pensamiento, el pensamiento complejo promueve el desarrollo de competencias para enfrentar los desafíos multifacéticos del mundo actual y futuro.

PARA SABER MÁS …
Sobre pensamiento complejo

Introducción al pensamiento complejo
Autor: Edgar Morin
Referencia: Morin, E. (1994). *Introducción al pensamiento complejo*. Gedisa.

▶ Para aprender más sobre el pensamiento complejo, te recomendamos explorar el libro de Edgar Morin, quien propone un enfoque multidimensional para entender la complejidad del mundo. Morin destaca la importancia de integrar interconexiones y contextos en el análisis de problemas, en lugar de limitarse a visiones reduccionistas. Al leer su trabajo, descubrirás cómo este enfoque puede ayudarte a ver el mundo de manera más holística y comprender mejor las interrelaciones que influyen en los desafíos que enfrentamos. Esto no solo enriquecerá tu perspectiva, sino que también te permitirá abordar problemas de manera más efectiva y creativa.

Traits of Complex Thinking:
A Bibliometric Review of a Disruptive Construct in Education
Autores: José Jaima Baena-Rojas, María Soledad Ramírez-Montoya, Diego Mauricio Mazo-Cuervo, D.M. & Edgar Omar López-Caudana
Referencia: Baena-Rojas, J. J., Ramírez-Montoya, M.S., Mazo-Cuervo, D.M. & López-Caudana, E. O. (2022). Traits of Complex Thinking: A Bibliometric Review of a Disruptive Construct in Education. *Journal of Intelligence 10*(37).
https://doi.org/10.3390/jintelligence10030037 https://hdl.handle.net/11285/648509

▶ Si quieres saber más sobre el pensamiento complejo y su impacto en la educación, este estudio es un excelente punto de partida. Se analizaron 428 documentos compilados en el sistema de indización Scopus, utilizando un estudio bibliométrico para entender cómo se comportan las publicaciones sobre pensamiento complejo en el ámbito educativo. Los resultados muestran que el pensamiento complejo está ganando cada vez más interés en la academia, no solo por su impacto en diversos campos y la generación de nuevos conocimientos multidisciplinarios, sino también por la cantidad de investigación publicada que subraya su importancia. Sumérgete en esta investigación para descubrir cómo el pensamiento complejo puede enriquecer tu aprendizaje y comprensión del mundo.

Modelo abierto de pensamiento complejo para el futuro de la educación
Autors: María Soledad Ramírez-Montoya, Fabián Eduardo Basabe, Martina Carlos Arroyo, Irma Azeneth Patiño Zúñiga, I.A. & May Portuguez Castro
Referencia: Ramírez-Montoya, M.S., Basabe, E., Carlos Arroyo, M., Patiño Zúñiga, I.A., Portuguez Castro, M. (2024). *Modelo abierto de pensamiento complejo para el futuro de la educación*. Octahedron. https://hdl.handle.net/11285/652033

▶ Para descubrir más sobre pensamiento complejo, te invitamos a explorar el enfoque educativo innovador que se presenta en este texto. Este enfoque está diseñado para responder a las demandas del mundo moderno, integrando diversas dimensiones del pensamiento -crítico, científico, sistémico e innovador. El objetivo es formar acciones ciudadanas más empáticas y comprometidas con el desarrollo sostenible. Este modelo no solo se aplica en ambientes académicos, sino también en sectores gubernamentales y empresariales, destacando la importancia de la colaboración, la solidaridad y el compromiso con soluciones sostenibles a problemas globales. Al sumergirte en este enfoque, podrás desarrollar habilidades que te permitirán contribuir de manera significativa a la sociedad y al bienestar del planeta.

Referencias

García, B., Bartocci, L., Oranges, L., Oliveira, N., and Kazumi, I. (2020). Industry 4.0 in systems thinking: From a narrow to a broad spectrum. *Systems Research and Behavioral Science, 37*(4), 593–606. https://doi.org/10.1002/sres.2703

Ramírez-Montoya, M. S., Castillo-Martínez, I.M., Sanabria-Zepeda, J.C., & Miranda, J. (2022). Complex Thinking in the Framework of Education 4.0 and Open Innovation—A Systematic Literature Review. *Journal of Open Innovation: Technology, Market, and Complexity 8*(4). https://doi.org/10.3390/joitmc8010004 https://repositorio.tec.mx/handle/11285/643380

Sellars, M., Fakirmohammad, R., Bui, L., Fishetti, J., Niyozov, S., Reynolds, R., Thapliyal, N., Liu-Smith, Y. L., and Ali, N. (2018). Conversations on critical thinking: Can critical thinking find its way forward as the skill set and mindset of the century? *Education Sciences 8*(4). https://doi.org/10.3390/educsci8040205

Suryansyah, A., Kastolani, W., and Somantri, L. (2021). Scientific thinking skills in solving global warming problems. IOP Conference Series: Earth and Environmental Science 683(1). https://doi.org/10.1088/1755-1315/683/1/012025

Wisetsat, C., & Nuangchalerm, P. (2019). Enhancing innovative thinking of Thai pre-service teachers through multi-educational innovations. *Journal for the Education of Gifted Young Scientists 7*(3), 409-419.

Canvas de diseño en el marco del modelo de pensamiento complejo

Título de la experiencia formativa

Autor(es)

01 Objetivo de aprendizaje
¿Cuál es el aprendizaje estratégico que se quiere promover? ¿Qué se va a aprender críticamente? Describir el qué, cómo y para qué.

04 Componentes y contenidos en la frontera del conocimiento
¿Cuáles son los temas de frontera del conocimiento para el aprendizaje estratégico? Describir el tema central y si hay algunos complementarios.

06 Interacción y co-creación
¿Cómo es la vivencia del aprendizaje? ¿Qué hará el participante? ¿Cómo lo hará? ¿Cómo se fomentará el co-crear sistemática y científicamente? ¿Cómo se construirá socialmente para el tema y aportar al ODS?
Listar pasos secuenciales de la ruta de aprendizaje.

08 Evidencia de aprendizaje
¿Cuál es la evidencia de aprendizaje? ¿Qué REA puede evidenciar el nuevo producto, servicio, conocimiento proceso? ¿Cómo se evidencia en abierto el aprendizaje?

02 Competencia de pensamiento complejo
¿Cómo se promueven las cuatro subcompetencias en este diseño?
• Pensamiento crítico
• Pensamiento sistémico
• Pensamiento científico
• Pensamiento innovador

05 Estrategia activa y tecnologías
¿Cuál es la estrategia a utilizar en la experiencia (reto, problema, caso, rol, proyecto, gamificación)? ¿Cuál es el tipo de tecnología abierta que acompaña la experiencia (simulación, realidad virtual, realidad aumentada, video 360°, robótica, IA, juego)?

07 Recursos Educativos Abiertos (REA)
¿Qué REA acompañan la experiencia formativa?
Audio (música, audiolibros, entrevistas, etc)
Texto (documentos, presentaciones, libros, revistas, artículos)
Imagen (infografías, mapas o esquemas, fotografía, dibujos)
Video (podcast, video, video interactivo, conferencias, entrevistas, exposiciones)
Multimedia (simulaciones, realidad virtual, 3D, realidad virtual, realidad aumentada)
Plataforma (repositorio, blog, página web)
• Otros (¿cuáles?)

09 Instrumentos de evaluación
¿Qué instrumento evalúa el objetivo de aprendizaje? Algunas opciones para pensamiento complejo son:
• Rúbrica eComplex (pensamiento complejo)
• Instrumento eComplexity (Likert pensamiento complejo)
• c-Think&Complex (Likert pensamiento computaciona-complejo-digital)
• Otro (especificar)

03 Objetivo de Desarrollo Sostenible (ODS) y reto
¿A cuál(es) ODS impacta el diseño de esta experiencia formativa? ¿Cuál es el problema/reto actual y relevante?

10 Inclusión y diversidad
¿De qué forma se atiende la inclusión y la diversidad en este diseño?
• Sensorial (Audición, visión, dicción)
• Estilos de aprendizaje (Visual, Auditivo, Lectura, Cinestésico)
• Contexto socioeconómico (rural, urbano, marginal)
• Contexto sociodemográfico (edad, género, cultura)
• Necesidades de aprendizaje (dislexia, DEA, TDAH, dotados)

11 Aprendizaje a lo largo de la vida
¿Cómo se está asegurando el aprendizaje a lo largo de la vida? ¿Qué sentido de trascendencia se está buscando? ¿Cuál es el legado en este aprendizaje?

12 Riesgos potenciales
¿Qué riesgos se pueden tener durante la implementación? ¿Cómo pueden solventar esos riesgos?

Figura 5.
Canvas de diseño de escenarios de formación para incentivar pensamiento complejo (Ramírez-Montoya et al., 2024)

Innovación Educativa en Acción

La transformación hacia una sociedad digital ha cambiado nuestras realidades, nos ha obligado a repensar los sistemas educativos para que permitan promover en cada estudiante diversas competencias que les ayuden a integrarse y a contribuir positivamente en un mundo cada vez más complejo. Para responder a las futuras necesidades educativas de la sociedad, es crucial que personas expertas de distintas áreas trabajen de manera colaborativa para resolver las problemáticas sociales emergentes. El Instituto para el Futuro de la Educación del Tecnológico de Monterrey cuenta con un equipo especializado, el Grupo de Investigación Interdisciplinar Escalando el Pensamiento Complejo para Todos (R4C-IRG), dedicado a desarrollar nuevas formas de enseñar con el apoyo de tecnologías novedosas, teniendo como principio la ciencia abierta y buscando contribuir a los objetivos de desarrollo sostenible de la Agenda 2030 de la ONU. El R4C-IRG tiene como proyecto principal el diseño de un modelo educativo innovador que ayude a promover la competencia de pensamiento complejo para una mejor adaptación a las exigencias actuales.

Para cumplir con sus objetivos, el R4C-IRG ha construido el "Modelo Educativo Abierto para el Pensamiento Complejo" como una estrategia de enseñanza que combina tecnología y métodos de aprendizaje flexibles para mejorar la competencia de pensamiento complejo. Este modelo parte de la idea de emplear la tecnología para construir una educación más accesible y adaptable a diferentes grupos de personas. Busca facilitar que los conocimientos y competencias aprendidas puedan aplicarse en retos a los que se enfrenta la sociedad.

El Modelo Educativo Abierto para el Pensamiento Complejo comprende diversos criterios que permiten a cada docente diseñar novedosos escenarios de formación a través del "Canva de diseño de escenarios de formación" (Figura 5) para fomentar el pensamiento complejo en cada estudiante. Después de diseñar el escenario de formación, cada docente podrá adaptarlo para implementarlo con grupos específicos de estudiantes. En esta etapa, se presenta a cada estudiante una serie de actividades enfocadas a resolver o mitigar un problema complejo, que puede ser propuesto o identificado y seleccionado por cada estudiante El objetivo es impulsar el trabajo colaborativo y se propongan soluciones al problema en específico.

El grupo R4C-IRG ha presentado el Modelo Educativo Abierto de Pensamiento Complejo a estudiantes y docentes de varias instituciones y organizaciones en México y Latinoamérica, como parte de la fase de implementación del proyecto, comenzando con una prueba piloto con docentes del Tecnológico de Monterrey, campus Ciudad de México. El objetivo de la fase de implementación fue apreciar cómo el proyecto mejoró *la capacidad de las personas* participantes para pensar de manera compleja y sus habilidades relacionadas. Las implementaciones continuaron logrando involucrar a 987 participantes del sector educativo, incluyendo docentes, estudiantes y administradores, provenientes de siete países: México, Bolivia, Perú, Guatemala, Chile, El Salvador y España.

En las próximas fases del proyecto, invitamos *a todas las personas interesadas* a adoptar este modelo para desarrollar el pensamiento complejo, como una competencia esencial para enfrentar los desafíos actuales y futuros. Descubre cómo este modelo puede cambiar la manera en que educamos y preparamos a las nuevas generaciones para un mundo cada vez más complejo e interconectado.

Referencia

Ramírez-Montoya, M.S., Basabe, E., Carlos Arroyo, M., Patiño Zúñiga, I.A., Portuguez Castro, M. (2024). *Modelo abierto de pensamiento complejo para el futuro de la educación*. Octahedron. https://hdl.handle.net/11285/652033

¿QUÉ DICEN LOS ESTUDIOS?
Sobre la propuesta que se realiza desde el proyecto de innovación

Promover el pensamiento complejo en la educación superior es fundamental para preparar a cada estudiante para enfrentar los desafíos del mundo moderno. Este modelo abierto no solo te permite aprender bajo un entorno escolar, sino que también te expone a una variedad de perspectivas y enfoques que enriquecen tu comprensión y te preparan para resolver problemas complejos de manera efectiva.

Necesitamos una visión holística que nos ayude a desarrollar soluciones sostenibles, eficientes e integrales, que nos permita ver más allá de los problemas individuales, que nos lleve a entender cómo las partes de un sistema interactúan entre sí, generando estrategias creativas e innovadoras, esenciales para generar ideas nuevas y valiosas (Sanabria Zepeda et al., 2022). Este modelo educativo debe ser desafiante continuamente, que te lleve a pensar fuera de lo convencional, a cuestionar lo establecido y a explorar nuevas posibilidades.

Es necesario un modelo educativo que te proporcione las herramientas para validar tus ideas a través de la experimentación y el análisis riguroso. Así, adquirir los componentes anteriores debe, no solo, mejorar tu capacidad para enfrentar problemas complejos, sino que también permite desarrollar habilidades que son altamente valoradas en diversos campos profesionales (Ramírez-Montoya et al., 2024). La intención, es formar personas pensadoras más versátiles y capaces de hacer contribuciones significativas en un mundo en constante cambio, bajo los objetivos de desarrollo sostenible.

Referencias

Sanabria Zepeda, J. C., Molina Espinosa, J. M., Alfaro Ponce, B., & Vycudilíková-Outlá, M. (2022). Umbral para proyectos de ciencia ciudadana: El pensamiento complejo como impulsor de desarrollo holístico. *RIED. Ibero-American Journal of Distance Education 25(2)*, 331-350. https://doi.org/10.5944/ried.25.2.33052

Ramírez-Montoya, M. S., Quintero Gámez, L., Sanabria-Z, J., & Portuguez-Castro, M. (2024). Exploring Complex Thinking in Latin American Universities: Comparative Analysis Between Programs and Alternative Credentials. *Journal of Latinos and Education*, 1-22. https://doi.org/10.1080/15348431.2024.2329671

TE INVITAMOS A REFLEXIONAR …

¿Alguna vez te has enfrentado a un problema que parecía contar con diversos niveles de dificultad? ¿Cómo lo abordaste y qué estrategias utilizaste para resolverlo?

_____

_____

_____

Si existen conexiones entre diferentes ideas o áreas de conocimiento, acerca de una situación real, ¿cómo crees que esto puede mejorar tu capacidad para tomar decisiones más informadas y creativas?

_____

_____

_____

Imagínate que estás trabajando en un proyecto con personas de diversas disciplinas. ¿De qué manera crees que el pensamiento complejo puede ayudarte a colaborar de manera más efectiva y a encontrar soluciones innovadoras junto a tus colegas?

_____

_____

_____

¿Cuál crees que es el rol del pensamiento complejo en tu habilidad para adaptarte y prosperar en un mundo en constante cambio y movimiento?

_____

_____

_____

ODS en la Educación

El Modelo Educativo Abierto para el Pensamiento Complejo se orienta hacia la promoción de una educación que abarque múltiples facetas del desarrollo humano y su interacción con el entorno, situación crucial para abordar los Objetivos de Desarrollo Sostenible (ODS) establecidos por las Naciones Unidas. En el marco de los ODS (Figura 6), de manera particular, el modelo pone un énfasis significativo en el ODS 4, que busca garantizar una educación inclusiva, equitativa, de calidad y promover oportunidades de aprendizaje durante toda la vida para todos. Al integrar el pensamiento complejo en el currículo, se fomenta que cada estudiante no sólo adquiera conocimientos, sino que también desarrolle habilidades críticas y un pensamiento integrador que le permita entender y actuar sobre problemas globales complejos y multifacéticos.

Por ejemplo, el Modelo destaca la importancia de enseñar a cada estudiante a analizar cómo diferentes sistemas (económicos, sociales, ambientales) interactúan entre sí, análisis fundamental para alcanzar la Meta 4.7 del ODS 4, que se enfoca en asegurar que las personas aprendices adquieran los conocimientos y habilidades necesarias para promover el desarrollo sostenible.

Figura 6. Objetivos de Desarrollo Sostenible
(Ramírez-Montoya et al., 2024, basados en UNESCO, 2016)

Esto incluye la educación para el desarrollo sostenible y estilos de vida sostenibles, los derechos humanos, la igualdad de género, la promoción de una cultura de paz y no violencia, la ciudadanía global y la valoración de la diversidad cultural y de la contribución de la cultura al desarrollo sostenible. El modelo, por tanto, no solo ayuda a cada estudiante a enfrentar los desafíos actuales, sino que también lo prepara para contribuir activamente a la construcción de un futuro más sostenible y responsable.

El pensamiento complejo se convierte en una competencia esencial que permite a cada estudiante analizar problemas globales desde una perspectiva multidimensional, lo cual permite avanzar hacia los Objetivos de Desarrollo Sostenible. A continuación, se presentan ejemplos prácticos de cómo el Modelo Educativo Abierto para el Pensamiento Complejo (OEM4C) puede aplicarse para fomentar el aprendizaje en torno a cada ODS:

ODS 1: Fin de la Pobreza
En un escenario educativo, se pueden desarrollar proyectos de análisis de datos sobre la pobreza en sus comunidades, investigando factores socioeconómicos interconectados y proponiendo estrategias de intervención basadas en recursos locales.

ODS 2: Hambre Cero
Utilizando el pensamiento sistémico, se pueden analizar cadenas de suministro locales y explorar métodos sostenibles de producción de alimentos, como la agricultura urbana, para minimizar la inseguridad alimentaria.

ODS 3: Salud y Bienestar
A través del pensamiento científico, se puede estudiar la relación entre estilos de vida y salud, diseñando campañas de concientización sobre la prevención de enfermedades crónicas en sus comunidades.

ODS 4: Educación de Calidad
Mediante el pensamiento crítico, se puede debatir y analizar sobre políticas educativas, evaluando cómo mejorar el acceso y la equidad en sus entornos locales.

ODS 5: Igualdad de Género
Con el pensamiento innovador, se pueden diseñar campañas y materiales educativos que promuevan la igualdad de género, abordando estereotipos y promoviendo la inclusión desde edades tempranas.

ODS 6: Agua Limpia y Saneamiento
Utilizando el pensamiento sistémico, se puede analizar el ciclo del agua y su impacto en la comunidad. Como proyecto, se podrían desarrollar propuestas para la conservación del agua, explorando soluciones como sistemas de captación de agua de lluvia o el reciclaje de aguas grises.

ODS 7: Energía Asequible y No Contaminante
Mediante el pensamiento innovador, se puede investigar y proponer soluciones de energía renovable adaptadas a los contextos locales, como paneles solares o sistemas de energía eólica, evaluando su viabilidad y beneficios.

ODS 8: Trabajo Decente y Crecimiento Económico
Con el pensamiento crítico, se puede motivar a las personas participantes a explorar las condiciones laborales de su entorno y a idear iniciativas que fomenten un crecimiento económico sostenible y equitativo, como la creación de pequeñas empresas que promuevan el comercio justo.

ODS 9: Industria, Innovación e Infraestructura
A través del pensamiento científico, los estudiantes pueden realizar un análisis de las infraestructuras locales y sus desafíos, proponiendo mejoras tecnológicas para hacerlas más eficientes y sostenibles, como el uso de materiales de construcción reciclados.

ODS 10: Reducción de las Desigualdades
Con el pensamiento sistémico, se pueden analizar las desigualdades en su comunidad y proponer iniciativas para mejorar la inclusión social y económica, desarrollando proyectos de capacitación laboral para grupos vulnerables.

ODS 11: Ciudades y Comunidades Sostenibles
Usando el pensamiento crítico, se puede evaluar el desarrollo urbano en las comunidades y sugerir mejoras que promuevan ciudades más sostenibles, como la creación de espacios verdes o sistemas de transporte no contaminantes.

ODS 12: Producción y Consumo Responsables
A través del pensamiento innovador, se pueden diseñar campañas para promover el consumo responsable, como reducir el uso de plásticos de un solo uso o fomentar la compra de productos locales.

ODS 13: Acción por el Clima
Utilizando el pensamiento científico, se pueden investigar los efectos del cambio climático en la región y diseñar iniciativas para la mitigación de sus impactos, como proyectos de reforestación o educación sobre la reducción de emisiones.

ODS 14: Vida Submarina
A través del pensamiento sistémico, se puede investigar la contaminación marina y sus causas, proponiendo soluciones para reducir el plástico en cuerpos de agua locales y promoviendo la conservación de ecosistemas acuáticos.

ODS 15: Vida de Ecosistemas Terrestres
Mediante el pensamiento crítico, se puede investigar la biodiversidad de su entorno y desarrollar estrategias para su conservación, como la creación de jardines de plantas nativas o programas de educación sobre especies locales.

ODS 16: Paz, Justicia e Instituciones Sólidas
Con el pensamiento crítico, se pueden analizar temas de justicia social y derechos humanos, proponiendo actividades que promuevan la convivencia pacífica, como debates sobre equidad y programas de mediación en conflictos escolares.

ODS 17: Alianzas para Lograr los Objetivos
Usando el pensamiento innovador, se pueden crear redes colaborativas con otras escuelas, ONG o gobiernos locales para diseñar proyectos en pro de los ODS, destacando la importancia de trabajar de manera colaborativa para un impacto duradero.

Estos ejemplos prácticos muestran cómo los escenarios de aprendizaje basados en el pensamiento complejo no solo facilitan la adquisición de competencias, sino que también permiten vincular directamente el aprendizaje con los desafíos sociales y ambientales de la realidad actual. Esta conexión ayuda a que cada estudiante comprenda y se involucre activamente en la consecución de los ODS, promoviendo una educación que responda a las necesidades específicas de cada contexto.

Referencia

Ramírez-Montoya, M.S., Basabe, E., Carlos Arroyo, M., Patiño Zúñiga, I.A., Portuguez Castro, M. (2024). *Modelo abierto de pensamiento complejo para el futuro de la educación*. Octahedron. https://hdl.handle.net/11285/652033

UNESCO (2016). Objetivos de Desarrollo Sostenible. https://es.unesco.org/sdgs

PARA SABER MÁS …
El vínculo entre los ODS y la propuesta

¿Qué debes saber acerca de la Educación para el Desarrollo Sostenible?
Autor: UNESCO
Referencia: UNESCO (2022). *What you need to know about education for sustainable development.* https://www.unesco.org/en/sustainable-development/education/need-know

▶ Si deseas saber más sobre los Objetivos de Desarrollo Sostenible (ODS) y la propuesta de pensamiento complejo, te animamos a explorar la Educación para el Desarrollo Sostenible. Este enfoque busca preparar a personas de todas las edades para enfrentar desafíos globales como el cambio climático y la pérdida de biodiversidad. Proporciona los conocimientos y habilidades necesarios para tomar decisiones informadas y actuar en beneficio de la sociedad y el planeta. La UNESCO lidera esta iniciativa, promoviendo políticas educativas y apoyando programas que integran la sostenibilidad en los sistemas educativos a nivel global. Fomentando el pensamiento complejo, podemos aprender a crear un futuro más sostenible y justo para todos.

Educación para los Objetivos de Desarrollo Sostenible: objetivos de aprendizaje
Autor: UNESCO
Referencia: UNESCO (2017). *Educación para los Objetivos de Desarrollo Sostenible: objetivos de aprendizaje.* https://unesdoc.unesco.org/ark:/48223/pf0000252423

▶ Para descubrir más sobre los ODS y la propuesta de pensamiento complejo, te recomendamos explorar esta publicación que se centra en cómo usar la educación, especialmente la Educación para el Desarrollo Sostenible, para alcanzar los ODS. El documento ofrece metas de aprendizaje, temas y actividades específicas para cada ODS, y guía sobre cómo implementarlas en diferentes niveles, desde la creación de cursos hasta su integración en políticas nacionales. Está diseñado para ayudar a personas tomadoras de decisiones, diseñadoras de currículos y docentes a desarrollar estrategias educativas que promuevan el aprendizaje orientado a los ODS, brindando una guía flexible que puede adaptarse a distintos contextos educativos. Juntos, podemos aprender y aplicar estos conocimientos para construir un futuro más sostenible y equitativo.

Nuevos Escenarios Educativos

Escenario educativo *dirigido a estudiantes*

Diseño de software para el pensamiento complejo

ODS vinculados

Descripción del escenario

Este escenario está diseñado para estudiantes interesados en desarrollar soluciones tecnológicas creativas mediante el diseño de software, promoviendo la competencia de pensamiento complejo y sus subcompetencias (pensamiento sistémico, científico, crítico e innovador). La actividad conecta el aprendizaje basado en el diseño con problemas locales, permitiendo a los estudiantes experimentar una aproximación interdisciplinaria y sostenible en el área de tecnología.

Objetivo del escenario

The objective of this scenario is to train students in developing complex thinking through the design of innovative software solutions that address local needs. The activity encourages the identification, investigation, ideation, and socialisation of proposals aligned with the Sustainable Development Goals (SDGs), thus contributing to comprehensive education that responds to contextual challenges.

Actividad Principal:
Creación de una propuesta de software para resolver un problema local

La actividad central consiste en que los estudiantes trabajen en grupos para identificar un problema en su comunidad, investigar sobre él, y crear una propuesta de software que aporte soluciones. El proyecto culmina con la creación y presentación de un video de 1 minuto, donde cada grupo presenta su propuesta, destacando su alineación con los ODS.

Descripción de la actividad
Introducción y contextualización

- El facilitador presenta el objetivo del escenario y las subcompetencias de pensamiento complejo, resaltando cómo estas habilidades contribuyen a resolver problemas reales.
- Se discute la relevancia de los ODS 4 y 9 y la manera en que el diseño de software puede abordar necesidades locales.

Formación de grupos y selección de problema
- Los estudiantes se dividen en grupos heterogéneos para asegurar una variedad de perspectivas y habilidades.
- Cada grupo selecciona un problema local alineado con los ODS, como la mejora de procesos educativos (ODS 4) o la optimización de infraestructura mediante tecnología (ODS 9).

Desarrollo de la actividad
Identificación y contextualización del problema
- Los grupos definen y describen el problema, justificando su relevancia y la necesidad de encontrar una solución.
- Cada equipo realiza un análisis inicial de los recursos y limitaciones locales, desarrollando un marco de referencia para su propuesta.

Investigación empírica
- Los grupos investigan antecedentes del problema seleccionado, evaluando las soluciones actuales e identificando oportunidades de mejora.
- Esta etapa fomenta el pensamiento científico y crítico, alentando a los estudiantes a basar sus decisiones en evidencia.

Ideación y diseño de solución
- A través de sesiones de *brainstorming* y técnicas de diseño creativo, los estudiantes generan ideas de software innovadoras.
- Cada grupo evalúa la factibilidad y originalidad de sus ideas, eligiendo la más viable para el desarrollo.

Socialización y retroalimentación
- Los grupos presentan un esquema inicial de su propuesta a sus compañeros para recibir retroalimentación constructiva.
- Esta etapa permite fortalecer la propuesta a través del intercambio de ideas, promoviendo el pensamiento crítico y la mejora iterativa.

Producción del video de presentación
- Cada grupo crea un video de 1 minuto en el que presentan su propuesta de software, explicando cómo esta aborda el problema y se alinea con los ODS.
- Este video actúa como un resumen visual y persuasivo de su trabajo, fomentando habilidades de comunicación y síntesis.

Carga y difusión de videos

- Los videos se suben a una plataforma designada para su revisión y difusión, permitiendo que todos los grupos conozcan y comenten las propuestas de los demás.

Cierre de la actividad

Reflexión y presentación final

- En una sesión conjunta, se proyectan todos los videos y se realiza una discusión sobre las fortalezas y áreas de mejora de cada solución.
- Los estudiantes reflexionan sobre el proceso, su aprendizaje y las habilidades adquiridas, documentando sus reflexiones individuales y de grupo en un portafolio digital.

Evaluación del aprendizaje

- Evaluación en cada etapa mediante rúbricas que valoran la identificación, investigación, creatividad y rigor de la propuesta.
- Retroalimentación cualitativa de facilitadores y compañeros, y autoevaluación de los estudiantes.

Instrumentos de evaluación

- Los docentes utilizan la rúbrica eComplex para evaluar las dimensiones del pensamiento complejo (sistémico, científico, crítico e innovador) en niveles de competencia (Básico, Intermedio y Avanzado).
- Los estudiantes completan el cuestionario eComplexity antes y después de la actividad (pre-test y post-test) para medir su autopercepción del desarrollo de estas competencias.

Evidencia de aprendizaje

- Video de 1 minuto que resume la propuesta de software.
- Portafolio digital que incluye reflexiones y retroalimentación recibida.

Materiales y herramientas digitales

- Computadoras con acceso a internet para investigación y desarrollo.
- Smartphones o cámaras para grabación de videos.
- oftware de edición de video (opcional).
- Herramientas de colaboración en línea (Google Drive) para almacenar y compartir materiales.

Referencias

Castillo-Martínez, I. M., & Ramírez-Montoya, M. S. (2022). *Instrumento eComplexity: Medición de la percepción de estudiantes de educación superior acerca de su competencia de razonamiento para la complejidad.* https://hdl.handle.net/11285/643622

Castillo-Martínez, I. M., Ramírez-Montoya, M. S., & Millán-Arellano, A. (2022). *eComplex rubric: Instrument for measuring the levels of mastery of complex reasoning competence for university students.* https://hdl.handle.net/11285/650169

Escenario educativo *dirigido a docentes*

Innovación y Pensamiento Complejo en el Aula

ODS vinculados

Descripción del escenario

Este escenario formativo está diseñado específicamente para docentes que buscan fomentar el pensamiento complejo en sus estudiantes a través del Modelo Educativo Abierto de Pensamiento Complejo (OEM4C). Su propósito es apoyar a los docentes en la creación de experiencias educativas basadas en la metodología de Aprendizaje Basado en Retos (ABR) y el uso de habilitadores tecnológicos propios de la Industria 4.0. Este enfoque permite que los estudiantes se conviertan en agentes activos en la resolución de problemas reales y fomenta la integración de la tecnología en el aprendizaje de manera significativa.

Objetivo del escenario

Este escenario busca capacitar a los docentes para diseñar y facilitar experiencias de aprendizaje que permitan a los estudiantes desarrollar competencias de pensamiento complejo. A través del ABR, cada docente promoverá el análisis, diseño e implementación de soluciones a problemáticas reales relacionadas con las infraestructuras en sus comunidades. En este contexto, los habilitadores tecnológicos de la Industria 4.0 (como la inteligencia artificial, el Internet de las Cosas y la realidad aumentada) son fundamentales para enriquecer la adquisición de competencias, facilitando el desarrollo de soluciones sostenibles e innovadoras. Los elementos que se integrarán en la actividad son representados en la Figura 7. El docente actúa como mentor y facilitador en el proceso de aprendizaje, guiando a los estudiantes en la identificación y resolución de problemas locales. Además, fomenta el uso de tecnologías avanzadas y conecta a los estudiantes con expertos en la disciplina, promoviendo un aprendizaje interdisciplinario y aplicado.

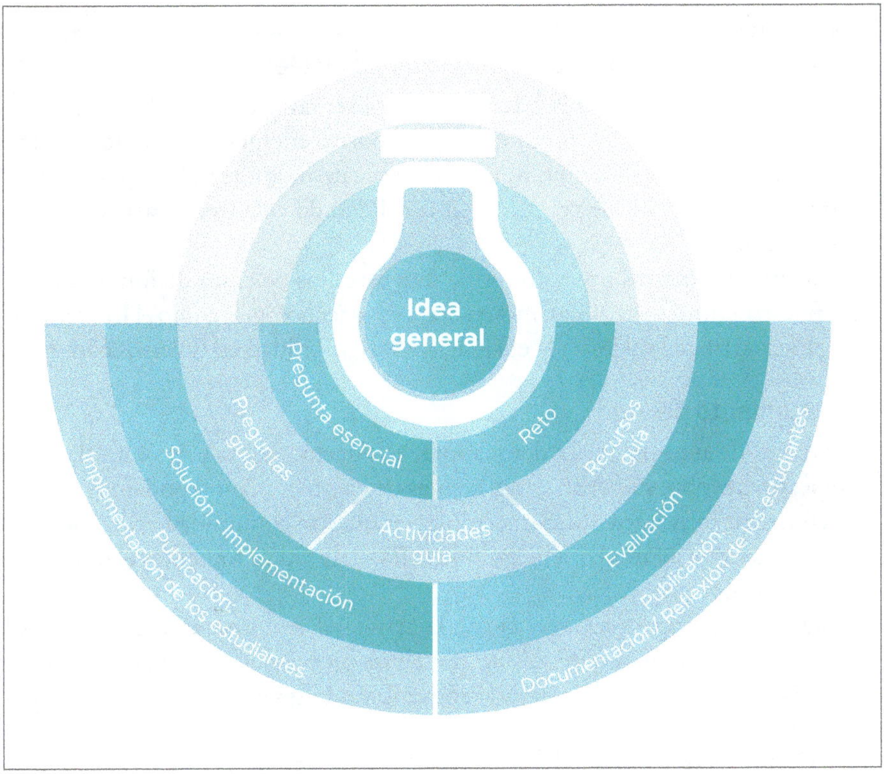

Figura 7. Marco metodológico del Aprendizaje Basado en Retos (ABR) (basado en Apple 2011 y citado en Edutrends, 2015)

Actividad principal: Diseño y ejecución de soluciones tecnológicas para la comunidad

Esta actividad se centra en el diseño de proyectos de infraestructura por parte de los estudiantes, quienes deberán identificar una problemática real en sus comunidades, analizarla, y desarrollar un prototipo de solución apoyado en tecnologías avanzadas. Cada estudiante diseña, desarrolla y ejecuta un prototipo para abordar el reto seleccionado, asegurando que su solución sea medible y evaluable.

Descripción de la actividad
Introducción y diagnóstico de necesidades locales

- Cada docente invita a los estudiantes a observar y analizar las infraestructuras de su comunidad (transporte, energía, agua potable, etc.), solicitándoles que redacten un ensayo explicativo donde reflexionen sobre el impacto de estas infraestructuras en la calidad de vida y el desarrollo económico local.
- Docentes y expertos invitados presentan estudios de casos de innovación en infraestructuras sostenibles, mostrando cómo tecnologías como el IoT y la inteligencia artificial mejoran la eficiencia y sostenibilidad en diversos contextos.

Planteamiento del reto

- A través de una pregunta detonadora, el docente invita a los estudiantes a reflexionar sobre su papel como agentes de cambio: ¿Cómo podemos diseñar y construir infraestructuras sostenibles en nuestra comunidad utilizando tecnologías innovadoras para mejorar la calidad de vida y fomentar el desarrollo económico?
- Esta pregunta actúa como el eje de la actividad y motiva a los estudiantes a pensar en soluciones que no solo resuelvan problemas inmediatos, sino que también promuevan el desarrollo sostenible a largo plazo.

Desarrollo de la actividad
Investigación documental y mapeo del problema

- Cada estudiante realiza una investigación sobre el problema seleccionado, desarrollando un marco conceptual que incluya datos locales y ejemplos de proyectos similares en otras comunidades.
- Se les solicita que documenten el proceso de investigación mediante diarios de campo, mapas conceptuales y entrevistas, fundamentando su comprensión del problema.

Diseño del prototipo y generación de soluciones

- Los estudiantes realizan sesiones de brainstorming, donde utilizan herramientas de pensamiento creativo y crítico para desarrollar ideas iniciales.
- Se anima a que consideren distintas perspectivas y enfoques tecnológicos que potencien la viabilidad y originalidad de sus propuestas.
- Cada docente orienta a los estudiantes para que sus soluciones se desarrollen en torno a los habilitadores tecnológicos identificados, promoviendo la integración de dispositivos IoT, algoritmos de inteligencia artificial o energías renovables en el diseño del prototipo.

Desarrollo del resumen ejecutivo del proyecto

Cada estudiante elabora un resumen ejecutivo que sintetiza el proceso de desarrollo y los elementos clave de su proyecto. Los aspectos para considerar incluyen:

- Descripción del problema: Análisis detallado del problema identificado y su relevancia para la comunidad.
- Solución propuesta: Visión general del prototipo desarrollado, explicando su funcionamiento y beneficios esperados.
- Impacto esperado: Descripción del cambio positivo que la solución puede generar en la comunidad.
- Diseño de la solución: Planos, esquemas y prototipos visuales que destacan cómo se integran las tecnologías avanzadas.
- Plan de implementación y evaluación: Proceso para prototipar y probar la solución en un entorno real, evaluando su eficacia y alineación con el ODS 9.

Prototipado y validación en la comunidad

- Los estudiantes llevan sus soluciones a un ambiente real para probar su viabilidad. Esto incluye interactuar con miembros de la comunidad y recopilar datos sobre el impacto del prototipo.
- Durante esta etapa, los estudiantes recolectan opiniones y sugerencias de los habitantes de la comunidad, utilizando encuestas y entrevistas para evaluar cómo el prototipo puede ajustarse y mejorar en su contexto de aplicación.

Cierre de la actividad: reflexión y presentación final
Evaluación y documentación

Cada estudiante evalúa el éxito de su solución a través de encuestas de satisfacción y entrevistas con la comunidad. Este proceso puede incluir la grabación de testimonios en video para documentar el impacto del proyecto.

Los estudiantes documentan toda la experiencia en un portafolio digital, que incluye un registro de actividades, los resultados de las evaluaciones y una reflexión personal sobre el aprendizaje obtenido.

Reflexión y diálogo

- Al finalizar la actividad, el docente facilita una reflexión grupal sobre el aprendizaje adquirido, promoviendo el diálogo sobre el rol de la tecnología y la sostenibilidad en la transformación de comunidades.
- Se invita a los estudiantes a reflexionar sobre las interacciones que tuvieron con la comunidad y sobre cómo el proceso enriqueció su comprensión de los problemas locales y su capacidad para abordarlos de manera efectiva.

Evaluación del aprendizaje

El docente evalúa tanto el proceso como el producto final de los estudiantes mediante rúbricas de evaluación.

Evaluación del Proceso

- Incluye la participación en las etapas de investigación, diseño y prototipado, y la claridad en la documentación del proyecto.

Evaluación del Producto

- A través del prototipo final y el resumen ejecutivo, se evalúa la calidad de la solución, su alineación con el ODS 9 y el impacto previsto en la comunidad.

Instrumentos de evaluación

- Encuesta de autoevaluación y preguntas guía para iniciar el proceso.
- Rúbrica de evaluación del resumen ejecutivo y del prototipo.
- En caso de implementación, una presentación de resultados con gráficas y estadísticas de satisfacción de la comunidad.

Evidencia de aprendizaje

- Resumen ejecutivo del proyecto, que documenta la solución desarrollada y su relevancia en el contexto de la comunidad.
- Prototipo que ejemplifica la solución al reto planteado.
- Portafolio digital que contiene reflexiones y evidencia de las interacciones y retroalimentación de la comunidad.

Materiales y herramientas digitales

- Plataformas para encuestas: Google Forms, Mentimeter.
- Herramientas de colaboración: Miro, Padlet.
- Software de prototipado y diseño: Simulink, Tinkercad, SketchUp Free, Blender; Figma para diseño colaborativo.
- Herramientas para presentaciones y documentación: Google Slides, Prezi Next, Genially, Emaze.
- Herramientas de evaluación y recopilación de datos: Excel, Google Sheets, MATLAB Online.
- Plataformas para portafolios digitales: Behance, Wix, Weebly, Portfoliobox.

Referencias

Apple. (2011). *Challenge based learning: A classroom guide.* https://www.apple.com/br/education/docs/CBL_Classroom_Guide_Jan_2011.pdf

EduTrends, R. (2015). *Aprendizaje Basado en Retos.* https://observatorio.tec.mx/wp-content/uploads/2023/03/06.EduTrendsAprendizajeBasadoenRetos.pdf

Escenario educativo *dirigido a formación en empresas*

Responsabilidad social empresarial y pensamiento complejo

ODS vinculado

Descripción del escenario

Este escenario de formación está diseñado para empleados de empresas que desean promover la responsabilidad social empresarial (RSE) a través del Modelo Educativo Abierto para el Pensamiento Complejo (OEM4C). Se centra en el análisis crítico y la innovación para desarrollar soluciones que mitiguen los impactos negativos de la actividad empresarial en la sociedad y el medio ambiente. Este escenario es adaptable a diversas empresas y puede personalizarse según sus características y necesidades específicas.

Objetivo del escenario

El objetivo principal de este escenario es que los participantes reflexionen sobre el impacto ambiental y social de las actividades de su empresa y desarrollen propuestas innovadoras para reducir estos efectos negativos. Además, se busca que las personas colaboradoras refuercen su competencia en pensamiento complejo, especialmente en pensamiento crítico e innovador, aplicando estos conocimientos en contextos reales y relevantes para su organización.

Actividad principal:
Análisis y mejora de prácticas empresariales

La actividad se basa en el Aprendizaje Basado en Retos (ABR) y plantea un reto relacionado con la sostenibilidad y la RSE. A través de un proceso de reflexión individual y grupal, los participantes identificarán prácticas empresariales que afectan negativamente el medio ambiente y la sociedad, y desarrollarán soluciones creativas para minimizarlas.

Descripción de la actividad

- Presentación del ODS 12 y la Responsabilidad Social Empresarial:
- La persona instructora introduce el ODS 12, explicando su relevancia para las empresas y su relación con el concepto de producción y consumo responsables.
- Se presenta el rol de la RSE en la sostenibilidad y se comparten datos e informes relevantes sobre el impacto actual de la producción de la empresa en la comunidad y el medio ambiente.

- Se incluyen ejemplos de otras empresas que han implementado prácticas exitosas en sostenibilidad, fomentando una cultura de responsabilidad y compromiso con el entorno.

Planteamiento del reto
- El reto principal se presenta como una pregunta motivadora: "¿Cómo puede nuestra empresa mitigar los impactos negativos de sus actividades en la sociedad y el medio ambiente, mediante la implementación de prácticas innovadoras y responsables?"
- Esta pregunta busca motivar a los participantes a reflexionar críticamente sobre su rol en la empresa y el impacto colectivo de sus decisiones.

Desarrollo de la actividad
Explicación de objetivos y expectativas
- The instructor outlines the objectives of the activity and expectations for outcomes, establishing a clear connection between complex thinking, CSR, and the company's environmental and social impacts.

Reflexión individual
- Participants individually reflect on the negative aspects of the company's production activities and their consequences for society and the environment.
- Guiding questions include: "What is the impact of our company on the community?" and "Which current practices could be improved to become more sustainable?"

Trabajo grupal: identificación de áreas de mejora
- Se forman grupos para fomentar la colaboración y la diversidad de ideas. Cada grupo utiliza la técnica de Retrospectiva de Estrella de Mar para clasificar las prácticas de la empresa en cinco categorías:
- Acciones que deben detenerse debido a sus efectos negativos.
- Acciones que deben continuar, ya que aportan un valor positivo.
- Acciones que deben mejorarse para reducir su impacto.
- Acciones que deben iniciarse para promover la sostenibilidad.
- Acciones que deben explorar posibles soluciones aún no implementadas

Generación de propuestas de mejora
Los grupos realizan una lluvia de ideas para generar soluciones concretas y alcanzables que minimicen los impactos negativos identificados. Para cada idea, se discuten aspectos como la viabilidad, el coste y el potencial de impacto.

Los grupos desarrollan propuestas detalladas, cada una de las cuales incluye:
- Una descripción del problema específico que aborda.
- La solución propuesta y los pasos para implementarla.
- Los recursos necesarios y el tiempo estimado para su implementación.
- Los beneficios ambientales, sociales y económicos esperados.

Evaluación y presentación de propuestas
- Los grupos presentan sus propuestas al resto de los participantes y al instructor, que actúa como moderador y ofrece feedback constructivo.
- Se realiza una discusión grupal sobre la viabilidad y el impacto de cada propuesta, alentando a los participantes a aportar ideas adicionales y a perfeccionar las propuestas de sus compañeros.

Cierre de la actividad:
Evaluación y reflexión final
Evaluación de objetivos de aprendizaje
- Los participantes reflexionan sobre los conocimientos adquiridos y las habilidades desarrolladas durante la actividad. Cada participante responde preguntas como: "¿Qué aprendí sobre el impacto de nuestra empresa?" y "¿Cómo puedo contribuir de manera más activa a la sostenibilidad en mi rol diario?"
- Esta reflexión permite que los participantes consideren cómo pueden aplicar los aprendizajes en sus tareas cotidianas.

Feedback y encuesta de satisfacción
- Se lleva a cabo una encuesta de feedback para recopilar opiniones sobre la efectividad de la actividad y la relevancia de los aprendizajes. La encuesta evalúa aspectos como la claridad del reto, la utilidad de las herramientas empleadas, y el impacto en la percepción de la responsabilidad social.
- A partir de los resultados de la encuesta, el instructor puede realizar ajustes para futuras implementaciones del escenario.

Aplicación de la rúbrica ecomplex
- Para evaluar la calidad de las propuestas y la competencia de pensamiento complejo de los participantes, se utiliza la Rúbrica eComplex, que evalúa niveles de dominio en pensamiento crítico, innovador y sistémico.
- Cada grupo recibe una retroalimentación detallada sobre su propuesta, destacando los puntos fuertes y las áreas de mejora en su análisis y soluciones planteadas.

Evidencia de aprendizaje

- Presentación de la Propuesta de Solución: Cada grupo elabora un documento que describe el problema identificado, los objetivos de la propuesta, las estrategias de implementación y los pasos a seguir.
- Reflexiones Individuales: Al final de la actividad, cada participante documenta sus reflexiones sobre el impacto de su empresa en el medio ambiente y cómo puede contribuir a un cambio positivo.

Materiales y herramientas digitales

- Plataformas para recopilación de ideas iniciales: Menti o Slido, para facilitar la participación en tiempo real.
- Herramientas para lluvia de ideas y técnica de Retrospectiva de Estrella de Mar: Ideaboardz o Miro, para colaborar de manera visual y estructurada.
- Herramientas para presentaciones: Google Slides, Canva o Gamma, para facilitar la creación de presentaciones atractivas y organizadas.

Referencia

Castillo-Martínez, I. M., Ramírez-Montoya, M. S., & Millán-Arellano, A. (2022). Rúbrica eComplex: *Instrumento de medición de los niveles de dominio de la competencia de razonamiento complejo para estudiantes universitarios.* https://hdl.handle.net/11285/650169

Escenario educativo *dirigido a ONG*

Creación de alianzas para una plataforma educativa abierta

ODS vinculados

Descripción del escenario

Este escenario de formación está diseñado para Organizaciones No Gubernamentales (ONG) que buscan fomentar la educación inclusiva y accesible mediante el desarrollo de plataformas educativas abiertas. El enfoque se centra en establecer alianzas estratégicas con universidades y empresas tecnológicas que puedan aportar recursos, conocimientos y apoyo técnico, en el marco del Modelo Educativo Abierto para el Pensamiento Complejo (OEM4C). Este escenario permite a las ONG desarrollar soluciones educativas sostenibles y de impacto social en colaboración con actores clave.

Objetivo del escenario

El objetivo de este escenario es que los participantes de las ONG identifiquen y construyan alianzas estratégicas con universidades y empresas tecnológicas con programas de Responsabilidad Social Corporativa (RSC), a fin de desarrollar una plataforma educativa abierta. La propuesta de esta plataforma debe incluir metas claras, un análisis de impacto y una planificación de los recursos necesarios. El desarrollo de esta plataforma busca ampliar el acceso a la educación y reducir las desigualdades a través de la tecnología.

Actividad principal:
Identificación y desarrollo de alianzas estratégicas

La actividad se centra en la identificación de socios potenciales y la creación de una propuesta para una plataforma educativa abierta que responda a los objetivos de la ONG. Los participantes investigarán y evaluarán empresas tecnológicas con programas de RSC, desarrollarán un plan de colaboración y diseñarán estrategias para medir y monitorear el impacto de la plataforma.

Descripción de la actividad
Introducción a los Objetivos de Desarrollo Sostenible y la importancia de las alianzas

- El instructor introduce los ODS relacionados (4, 9, 10 y 17), explicando cómo cada uno de estos objetivos contribuye a la misión de las ONG en educación y desarrollo social.
- Se presenta la importancia de las alianzas en la sostenibilidad de proyectos educativos, proporcionando ejemplos de colaboraciones exitosas entre ONG, empresas y universidades.

Planteamiento de objetivos y estrategia de alianzas

- El instructor detalla el objetivo principal de la actividad: identificar y crear un plan para una plataforma educativa abierta que aproveche el apoyo de socios estratégicos.
- Se discuten las características de una alianza efectiva, tales como los beneficios mutuos, la alineación de valores y la importancia de una planificación clara.

Identificación de actores clave y recursos potenciales

- Los participantes, en grupos, investigan empresas de base tecnológica y universidades con programas de RSC que estén alineados con los objetivos de la ONG.
- Se realiza una discusión sobre los tipos de apoyo que estas organizaciones pueden proporcionar (financiamiento, tecnología, asesoría técnica) y cómo estas colaboraciones pueden beneficiar a todas las partes involucradas.

Desarrollo de la actividad
Análisis de posibles alianzas y evaluación de recursos

- Cada grupo selecciona varias empresas y universidades con las que consideran viable una colaboración y analiza sus programas de RSC. El análisis incluye un estudio de sus iniciativas previas en educación y tecnología.
- Los participantes elaboran una lista de posibles socios estratégicos, describiendo cómo cada uno puede contribuir al proyecto de plataforma educativa abierta y los beneficios que podrían obtener al participar en una iniciativa socialmente responsable.

Definición de los objetivos de la plataforma y propuesta de valor

- Los grupos definen los objetivos principales de la plataforma educativa, describiendo cómo esta beneficiará a las comunidades objetivo y su alineación con los ODS.
- Se trabaja en una propuesta de valor que explique cómo la plataforma contribuirá a una educación de calidad y a la reducción de desigualdades, resaltando las ventajas de colaborar con la ONG.

Planificación del proyecto: estructura y estrategia de implementación

- Los grupos desarrollan un plan de implementación para la plataforma educativa abierta, especificando los recursos necesarios, las etapas de desarrollo, y el tipo de soporte que se espera de cada socio.
- Se realiza una lluvia de ideas sobre la definición de roles y responsabilidades en la colaboración. Esta información se registra en una "matriz de responsabilidades" que refleja las contribuciones de cada socio y la estructura general del proyecto.

Desarrollo de estrategias de monitoreo y evaluación del impacto

- Los participantes diseñan estrategias de monitoreo para evaluar el impacto de la plataforma, estableciendo indicadores clave de desempeño (KPIs) que permitirán evaluar la efectividad de la colaboración y el logro de los objetivos educativos.
- Los indicadores podrían incluir la cantidad de usuarios que acceden a la plataforma, el grado de satisfacción de los usuarios, la tasa de retención y el impacto en el aprendizaje en las comunidades objetivo.

Preparación y práctica de presentaciones para socios potenciales

- Cada grupo prepara una propuesta inicial del proyecto y un pitch de presentación para una reunión informativa. Se organizan actividades de role-play donde los participantes practican la presentación del proyecto y la propuesta de colaboración ante un público simulado.
- Durante la actividad de role-play, se simula una reunión de negocios en la que cada grupo expone su proyecto a posibles socios, recibiendo retroalimentación y afinando la propuesta.

Cierre de la actividad:
Evaluación y plan de acción para futuras colaboraciones

Informe final y revisión del proyecto

- Cada grupo elabora un informe final que resume los aspectos clave del proyecto de la plataforma educativa, incluyendo los objetivos, el impacto esperado, la lista de socios potenciales y el plan de implementación.
- Los participantes deben incluir estrategias para reconocer y agradecer públicamente a las empresas colaboradoras, reforzando las relaciones a largo plazo y el compromiso con la educación.

Mapa de oportunidades y plan de acción para nuevas colaboraciones

- Los grupos crean un mapa visual que identifica futuras oportunidades de colaboración y proyectos conjuntos con otros socios.
- Además, elaboran un plan de acción que describe los pasos a seguir para implementar la plataforma y expandir la red de socios estratégicos.

Reflexión final sobre el aprendizaje y la experiencia de colaboración

- Se realiza una reflexión grupal donde cada participante comparte sus aprendizajes clave, cómo la actividad ha mejorado su comprensión sobre las alianzas estratégicas y la importancia del pensamiento complejo en proyectos educativos.

Evaluación del aprendizaje

- Evaluación de la Etapa Inicial: Encuesta de conocimientos previos sobre ODS y la importancia de las alianzas estratégicas, seguida de una rúbrica para evaluar el análisis de programas de RSC y la creación de la guía de planificación.
- Evaluación del Desarrollo: Rúbricas para valorar la claridad y solidez de la propuesta inicial, el pitch de presentación, y la matriz de responsabilidades.
- Evaluación del Resultado Final: Checklists para asegurar que el informe final cumple con los requisitos, y listas de verificación para el mapa visual de oportunidades y el plan de acción.

Evidencia de aprendizaje

- Análisis de Programas de RSC: Documento que describe y evalúa los programas de RSC de las empresas seleccionadas.
- Guía de Planificación y Matriz de Responsabilidades: Documento con los pasos del proyecto y la distribución de roles.
- Pitch de Proyecto y Simulación de Reunión Informativa: Presentación que resume el proyecto y la propuesta de colaboración.
- Informe Final: Documento completo que incluye los objetivos, la propuesta de valor y la planificación del desarrollo.
- Mapa Visual de Oportunidades: Mapa que refleja posibles futuras colaboraciones.

Materiales y herramientas digitales

- Encuestas y Formularios: Google Forms, Mentimeter, para recopilar opiniones y evaluar conocimientos previos.
- Herramientas de Planificación: MS Project, Slack, Trello, para organizar el proyecto y asignar responsabilidades.
- Plataformas para Mapas Visuales: Miro, Padlet, para crear mapas de oportunidades y lluvia de ideas.
- Herramientas para Presentaciones y Pitch: Google Slides, Prezi Next, Genially, Emaze, para crear presentaciones profesionales.
- Herramientas para Video Pitch: Shotcut, OpenShot, DaVinci Resolve, para la edición de videos de presentación.

Escenario educativo *dirigido a life long learning*

Desarrollo de hábitos saludables para el bienestar integral

ODS vinculado

Descripción del escenario

Este escenario de formación está dirigido a personas interesadas en mejorar su salud y bienestar, utilizando el Modelo Educativo Abierto para el Pensamiento Complejo (OEM4C). Se enfoca en promover la reflexión crítica sobre los hábitos diarios y el desarrollo de un plan de acción personalizado que permita adoptar prácticas de vida saludables y sostenibles. La actividad fomenta el aprendizaje permanente y es adaptable a diferentes contextos y necesidades.

Objetivo del escenario

El objetivo es que los participantes sean capaces de reflexionar sobre sus hábitos de vida, identificar áreas de mejora y desarrollar un plan personalizado que promueva su bienestar integral. A través del Aprendizaje Basado en Investigación (ABI), se fortalece el pensamiento complejo mediante la identificación de hábitos saludables y la formulación de estrategias sostenibles para incorporarlos en la vida cotidiana.

Actividad principal:
Reflexión y mejora de hábitos para el bienestar

La actividad invita a los participantes a realizar una autoevaluación de sus hábitos actuales, investigar prácticas saludables, y crear un plan de acción detallado para mejorar su bienestar físico y mental. Los participantes utilizan aplicaciones y recursos en línea que facilitan el seguimiento de los hábitos y el progreso.

Descripción de la actividad

Introducción al ODS 3 y la importancia del bienestar
- El instructor presenta el ODS 3, destacando su relevancia para la calidad de vida y la importancia de los hábitos saludables en la salud física y mental.
- Se inicia un diálogo en grupo sobre los factores que afectan el bienestar personal, como la alimentación, el ejercicio, el descanso y la gestión del estrés. Durante esta discusión, se comparten ejemplos de estilos de vida saludables y casos de éxito.

Autoevaluación inicial de hábitos

- Cada participante realiza una autoevaluación que abarca aspectos como alimentación, ejercicio, sueño y manejo del estrés.
- La autoevaluación proporciona una base para que los participantes identifiquen áreas de mejora y establezcan metas personales relacionadas con la salud.

Reflexión y pregunta clave

- Los participantes reflexionan sobre la pregunta central: "¿Cómo puedo mejorar mis hábitos diarios para promover mi salud y bienestar integral?
- Esta reflexión ayuda a los participantes a visualizar cómo pequeños cambios en sus rutinas pueden tener un impacto positivo en su bienestar a largo plazo.

Desarrollo de la actividad
Investigación individual sobre hábitos saludables

- Cada participante investiga prácticas saludables, apoyándose en fuentes confiables proporcionadas por el instructor, como los sitios web de la Organización Mundial de la Salud (OMS) y el Instituto Nacional de Salud (NIH).
- La investigación ayuda a cada persona a entender mejor los beneficios de hábitos específicos y a identificar aquellos que desea implementar o mejorar.

Trabajo grupal: discusión y creación de mapas de hábitos

- Se forman grupos pequeños para discutir estrategias e intercambiar ideas sobre la mejora de hábitos. Los participantes comparten sus hallazgos y experiencias personales, promoviendo el aprendizaje colaborativo.
- Utilizan la técnica del Mapa de Hábitos para categorizar hábitos a mejorar, eliminar o incorporar. Esta técnica permite visualizar cómo los diferentes hábitos interactúan y contribuyen al bienestar integral.

Uso de apps para el seguimiento y gamificación de hábitos

- Los participantes exploran la aplicación Habitica, una plataforma de gamificación que permite monitorear y mantener hábitos a través de un enfoque de juego. Esto incentiva la adherencia a los nuevos hábitos al convertir el proceso en una actividad lúdica y motivadora.
- A través de la app, los participantes establecen metas diarias y semanales para el seguimiento de sus hábitos, lo que facilita una mejora gradual y sostenida.

Generación de propuestas y planes de acción

- Basándose en su investigación y discusión grupal, cada participante desarrolla un plan de acción que detalla los pasos para mejorar sus hábitos de vida.
- El plan incluye metas a corto, mediano y largo plazo, así como estrategias para superar desafíos y mantener la motivación. Se alienta a los participantes a considerar cómo cada hábito afecta a otros aspectos de su vida y a su bienestar general.

Presentación y evaluación de propuestas

- Los grupos presentan sus planes de acción al resto de los participantes, recibiendo feedback tanto del instructor como de sus compañeros.
- Se lleva a cabo una discusión sobre la viabilidad y efectividad de las propuestas, resaltando cómo pequeños cambios en los hábitos diarios pueden mejorar el bienestar integral de manera significativa.

Cierre de la actividad:
Reflexión y implementación personal
Evaluación de objetivos de aprendizaje

- Los participantes reflexionan sobre los conocimientos adquiridos y su impacto en la percepción de su salud y bienestar. Se les motiva a identificar los cambios en su perspectiva y a planificar cómo aplicarán estos aprendizajes en su vida cotidiana.

Desarrollo de un plan de implementación personal

Cada participante crea un plan de implementación personal que detalla cómo aplicará los cambios propuestos en su vida diaria. Este plan incluye:

- Metas a corto y largo plazo: Objetivos específicos que los participantes quieren lograr en relación con sus hábitos saludables.
- Estrategias de seguimiento: Métodos para monitorear el progreso y mantener la motivación, como el uso de Habitica o el registro en un diario de bienestar.
- Métodos de autocompromiso: Acciones que refuercen el compromiso personal, como establecer recordatorios o compartir metas con amigos o familiares.

Reflexión final y discusión sobre el mantenimiento a largo plazo

- Se realiza una discusión final sobre los desafíos y oportunidades para mantener un estilo de vida saludable a largo plazo. Los participantes exploran maneras de sostener sus nuevos hábitos y de integrar la mejora continua en su vida.

Evaluación del aprendizaje
Initial and Final Self-assessment

- Autoevaluación Inicial y Final: Los participantes comparan sus autoevaluaciones iniciales y finales para medir el progreso en sus hábitos de vida.
- Feedback del Grupo: Evaluación de las propuestas y planes de acción presentados por cada grupo, valorando su impacto en la salud y bienestar general.
- Rúbrica de Evaluación: Instrumento para medir el desarrollo de pensamiento crítico y sistémico en la creación y presentación de los planes de acción.

Evidencia de aprendizaje

- Planes de Acción Personalizados: Documentos que detallan los pasos y estrategias específicas para implementar hábitos saludables.
- Notas de Reflexión Individual: Reflexiones sobre el impacto de los cambios de hábitos en el bienestar personal y los aprendizajes adquiridos durante la actividad.
- Reportes de Seguimiento de Hábitos: Registros de progreso en la implementación de los nuevos hábitos, utilizando herramientas digitales como Habitica o un diario de bienestar.

Materiales y herramientas digitales

- Plataformas para Autoevaluación: Formularios como Google Forms para registrar y comparar autoevaluaciones iniciales y finales.
- Herramientas para Crear Mapas de Hábitos: Plataformas colaborativas como Miro para visualizar y organizar hábitos.
- Aplicación para Gamificación de Hábitos: Habitica, que facilita el seguimiento de los hábitos de manera lúdica y motivadora.
- Herramientas para Presentaciones: Google Slides, Canva o Gamma, para crear presentaciones de los planes de acción.
- Recursos de Consulta: Sitios web de salud confiables, como la OMS
- (www.who.int) y el NIH (www.nih.gov), para obtener información sobre prácticas saludables basadas en evidencia.

1. Situarse en el contexto propio, reconociendo nuestras capacidades y características. Por ejemplo, si somos un grupo de docentes atendiendo a estudiantes, debemos considerar la institución o el canal formativo en donde nos encontramos, cuáles son los objetivos formativos que nos rigen, el perfil y las características de cada estudiante, los recursos con los que contamos, las prioridades de nuestra región, así como nuestros valores, nuestra cultura y las características particulares de nuestra sociedad. Esta visualización abona al desarrollo del pensamiento crítico.

2. Definir el problema que queremos abordar, vinculándolo con uno o varios ODS. Hacia dónde dirigimos nuestros esfuerzos, identificando las urgencias de cada contexto y también lo que es importante de acuerdo a nuestros marcos de referencia culturales, éticos y normativos. Esta definición es sustancial para el desarrollo del pensamiento complejo. Para obtener un vínculo efectivo con los ODS, se recomienda consultar las metas que se desprenden de los ODS identificados y reconocer a qué meta se estaría apoyando al tratar de mitigar el problema identificado.

3. Investigar sobre el conocimiento disponible de forma sistemática. Esta indagación nos llevará a conocer con mayor detalle, cuáles son las causas, las consecuencias, las aportaciones previas y los intentos para resolver este problema en el pasado. También conoceremos con claridad a cuántas personas afecta y los datos relativos a su impacto. Esta investigación es básica para el desarrollo del pensamiento científico.

4. Identificar a quiénes queremos beneficiar con nuestra propuesta, imaginando el futuro que queremos. En esta etapa es muy importante preguntarnos cómo incluir a diferentes grupos de personas que requieran beneficiarse de esta solución, pero además que pueden tener diferentes roles, por ejemplo de vigilantes, socios, reguladores, participantes, etc. Esta identificación sustenta al desarrollo del pensamiento sistémico.

5. Construcción de una propuesta de solución, a partir del conocimiento adquirido en las etapas previas. La intención es promover la búsqueda de soluciones innovadoras y la generación de propuestas que beneficien a la comunidad seleccionada de forma creativa y sostenible, ya sea como intervenciones sociales, emprendimientos, iniciativas colaborativas, etc. Esta identificación apunta al desarrollo del pensamiento innovador.

6. Estructura dirigida hacia el sector atendido. La última fase previa a la implementación, consiste en darle forma al escenario y ajustarlo de acuerdo a lo que cada sector y tipo de participante requiera. Por ejemplo, si se trata de adultos en formación, podrían elegir iniciar un proyecto de participación ciudadana o un emprendimiento. Para el caso de personas empleadas en capacitación, podrían resolver un reto de su empresa para generar procesos innovadores. En el caso de que las personas participantes fueran estudiantes, sus docentes pudieran plantear experiencias formativas, dentro de sus cursos. Esta construcción se relaciona con el desarrollo del pensamiento complejo.

Figura 8.
Recomendaciones para implementar el Modelo Educativo Abierto para el Pensamiento Complejo

Recomendaciones para la implementación

La implementación del Modelo Educativo Abierto para el Pensamiento Complejo depende de su adopción por parte de diferentes personas: estudiantes, docentes, empresas, adultos en formación a lo largo de su vida y quienes trabajen hacia la consecución de los Objetivos de Desarrollo Sostenible (ODS) desde diversos frentes de acción. Para cada sector, las recomendaciones de implementación tendrán diferentes enfoques, sin embargo, todas ellas se centran en la construcción de un escenario formativo en la que se considere el desarrollo de las cuatro subcompetencias del pensamiento complejo: pensamiento científico, crítico, sistémico e innovador. Pero ¿cómo podemos incluir estos elementos en escenarios que se puedan visualizar desde diferentes enfoques? La respuesta está contenida en la creación de soluciones a problemas de nuestra realidad, donde se ubica una necesidad de un grupo de personas determinado y se propone una solución que atienda a nuestro contexto particular, teniendo como referencia lo que se sabe del tema en lo global.

El siguiente listado (Figura 8) te ayudará a establecer una pauta adecuada para la implementación del Modelo en cada uno de los sectores relevantes. Cabe destacar que las opciones para generar escenarios son infinitas, pero, sobre todo, las respuestas a cada desafío siempre serán únicas y estarán cercanas a los intereses, enfoques y capacidades de las personas que busquen soluciones a los retos que se nos presentan en el presente y que darán forma a nuestro futuro.

RECURSOS EDUCATIVOS ABIERTOS (REA)

REA: Construyendo juntos el futuro de la educación:
innovación, investigación interdisciplinaria y ciencia abierta
Autores: IRC- R4C Grupo de investigación interdisciplinar Escalando
el pensamiento complejo para todos.
Referencia: IRC- R4C Grupo de investigación interdisciplinar Escalando el pensamiento complejo para todos (2023). *Bootcamp Construyendo juntos el futuro de la educación: innovación, investigación interdisciplinaria y ciencia abierta* [Página web]. Tecnológico de Monterrey. Comillas, España. https://www.research4challenges.world/en/future-education-bootcamp

▶ Te invitamos a explorar un recurso educativo abierto, en formato página web, que hemos seleccionado pensando en ti. En el Bootcamp "Construyendo juntos el futuro de la educación: innovación, investigación interdisciplinaria y ciencia abierta", encontrarás una colección de videos de sesiones disponibles como Recursos Educativos Abiertos (REA). Estos materiales están destinados a formar a investigadores y educadores en los campos de la innovación educativa y la sostenibilidad. Únete a nosotros en este viaje de aprendizaje y descubrimiento, donde juntos podemos impulsar el futuro de la educación con herramientas accesibles y colaborativas. ¡Explora, aprende y contribuye a un cambio positivo!

REA: Building together the future of education:
Innovation, interdisciplinary research and open science
Autores: María Soledad Ramírez Montoya, M. S., & Jhonattan Miranda Mendoza
Referencia: Ramírez Montoya, M. S., & Miranda Mendoza, J. (2024). *Building together the future of education: Innovation, interdisciplinary research and open science* [Video].
https://hdl.handle.net/11285/676165

▶ A través de un recurso educativo abierto, en formato vídeo, podrás ver ejemplos inspiradores de colaboración abierta para construir el futuro de la educación. En estos videos, se destacan las experiencias de participantes que trabajan juntos para desarrollar soluciones innovadoras y sostenibles en el ámbito educativo, enfocadas en fomentar el pensamiento complejo. Únete a esta comunidad de aprendizaje y descubre cómo, a través de la cooperación y la creatividad, podemos impulsar cambios positivos y duraderos en la educación. ¡Mira, aprende y participa en la transformación educativa!

REA: Movilizando el futuro de la educación con modelo de pensamiento complejo
Autor: Inés Alvarez-Icaza
Referencia: Alvarez-Icaza, I. (2023). *Movilizando el futuro de la educación con modelo de pensamiento complejo* [Video]. Programa de webcast: Futuro de la educación en la complejidad. Tecnológico de Monterrey. https://hdl.handle.net/11285/651642

▶ Compartimos un recurso educativo abierto, en formato video, que es verdaderamente fascinante. Nos invita a desentrañar juntos qué es el pensamiento complejo y cómo puedes aplicar sus subcompetencias en cualquier campo que te apasione. Imagina que estamos sentados en un café, compartiendo ideas y descubriendo juntos cómo estas herramientas pueden enriquecer nuestra forma de pensar y resolver problemas. Este video te guiará, de manera clara y accesible, a entender estos conceptos y te dará las claves para aplicarlos en tu vida profesional y personal. Únete a esta aventura de aprendizaje y descubramos juntos el poder del pensamiento complejo. ¡Construyamos en red!

REA: Cultivando el potencial del Internet de las cosas para transformar el futuro de la educación
Autores: José Carlos Vázquez (entrevistador) y Rasikh Tariq (entrevistado)
Referencia: Vázquez, J.C. y Tariq, R. (2023). *Cultivando el potencial del Internet de las cosas para transformar el futuro de la educación* [Video]. Programa de webcast: Futuro de la educación en la complejidad. Tecnológico de Monterrey. https://repositorio.tec.mx/handle/11285/651555

▶ Con esta entrevista, vamos a reflexionar juntos sobre la importancia de desarrollar el pensamiento complejo y sus subcompetencias, especialmente en el contexto del creciente uso de la inteligencia artificial en nuestras aulas. Imagínate que estamos en una mesa redonda con José Carlos Vázquez y Rasikh Tariq, compartiendo ideas y aprendizajes. Este video nos brinda una oportunidad única de entender cómo estas habilidades pueden ser herramientas indispensables en nuestra educación y cómo podemos aplicarlas para enfrentar los retos del futuro. Acompáñame en esta experiencia enriquecedora y descubramos juntos el poder del pensamiento complejo. ¡Vamos a aprender en comunidad!

REA: : Cultivating Higher Order Competencies:
Complex Thinking in Latin American University Context.
Autores: Jorge Carlos Sanabria Zepeda, María Soledad Ramírez Montoya, Francisco José García Peñalvo & Marco Antonio Cruz Sandoval
Referencia: Sanabria-Z, J., Ramírez-Montoya, M.S., García-Peñalvo, F.J., Cruz-Sandoval, M. (2024). Cultivating Higher Order Competencies: Complex Thinking in Latin American University Context [Text]. In: McLaren, B.M., Uhomoibhi, J., Jovanovic, J., Chounta, IA. (eds) *Computer Supported Education. CSEDU 2023*. Communications in Computer and Information Science, vol 2052. Springer, Cham. https://doi.org/10.1007/978-3-031-53656-4_5 https://hdl.handle.net/11285/652280

▶ Mediante un recurso educativo en formato texto, presentado en una conferencia internacional, analizaremos cómo perciben estas habilidades 150 estudiantes universitarios de diferentes países latinoamericanos, revelando interesantes diferencias según género, disciplina académica y nacionalidad. Los hallazgos, realizados bajo la ética rigurosa del grupo de investigación R4C y el Instituto para el Futuro de la Educación del Tecnológico de Monterrey, nos ofrecen valiosas perspectivas para mejorar nuestras prácticas pedagógicas y sentar las bases para futuras investigaciones. Únete a esta comunidad de aprendizaje y descubramos juntos cómo podemos transformar la educación. ¡Vamos a crecer juntos!

LLAMADO A LA ACCIÓN

¡Queremos escucharte y aprender contigo!
Los grandes retos de nuestro tiempo sólo se pueden resolver en colaboración y aprovechando el valor de la diversidad. Por ello, hacemos una invitación a cada persona que desee participar, colaborar o contribuir con la construcción de un mejor futuro, a través del desarrollo de capacidades y competencias de las comunidades: si tienes proyectos que quieras poner a prueba, investigaciones que realizar, ideas que desees materializar o capacitar a tu comunidad, no dejes de contactarnos. Nos gustaría construir de manera colaborativa contigo, desde la sociedad civil, las escuelas, las universidades, las empresas, los grupos legislativos; cada sector tiene una visión valiosa para aportar al futuro de la educación.

¡Te invitamos a formar parte de ello!
Nuestro grupo de investigación: https://tec.mx/es/r4c-irg
Explora nuestros proyectos: https://www.research4challenges.world/

**Únete al proyecto Modelo Educativo Abierto
para el Pensamiento Complejo (OEM4C):**
https://www.research4challenges.world/complex-thinking

GLOSARIO

Objetivos de Desarrollo Sostenible (ODS): Los ODS son un conjunto de metas globales y concretas orientadas a la acción, cuyo propósito es proteger el planeta, erradicar la pobreza y alcanzar la paz y la prosperidad para todas las personas. Cada ODS incluye diversas metas específicas que detallan cómo lograr cada objetivo, promoviendo un enfoque integral para el desarrollo sostenible en todo el mundo.

Pensamiento Complejo: El pensamiento complejo es la habilidad de observar la realidad considerando la totalidad de los factores que convergen para darle forma. En lugar de enfocarse en cada factor de manera aislada, se entiende que cada parte contribuye y es influida por la totalidad de la realidad. Este enfoque integrador permite comprender cómo las diferentes partes se interrelacionan y afectan mutuamente, proporcionando una visión más completa y profunda del mundo.

Future of Education – Futuro de la Educación

Eds. María Soledad Ramírez-Montoya, Rasikh Tariq, Leonardo David Glasserman Morales, Edgar Omar López-Caudana e Inés Alvarez-Icaza Longoria

VOL. 1 María Soledad Ramírez-Montoya, Edgar Omar López-Caudana, Inés Alvarez-Icaza Longoria, Carlos Vásquez-Parra, Fabian Eduardo Basabe, Carolina Alcántar-Nieblas, Pamela Geraldine Olivo Montaño, Virginia Rodés Paragarino, Isolda Margarita Castillo-Martínez, Laura Icela González-Pérez y May Portuguez Castro: Mobilise Your Thinking for Complexity. Open Educational Model for Complex Thinking – Moviliza tu Pensamiento para la Complejidad. Modelo Educativo Abierto para el Pensamiento Complejo. 2025.

www.peterlang.com

www.ingramcontent.com/pod-product-compliance
Lightning Source LLC
Chambersburg PA
CBHW050650160426
43194CB00010B/1887